米粉(こめこ)で クッキング&パン作り

　食生活が多様化したとはいえ、日本では毎日お米を食べている人が多いと思います。では、どうやって食べているでしょう？　おそらく圧倒的に多いのは、粒々のある「ごはん」という形ではないでしょうか。一方で小麦は、パンや麺、ピザにケーキ、揚げ物の衣……と、さまざまな料理になって食卓に上ります。これでは、お米びいきの日本人としてはちょっぴりさみしさを感じてしまいます。

　お米はアミノ酸のバランスがとてもよい良質なタンパク源です。ビタミンやミネラル、食物繊維も豊富に含み、消化のよいエネルギー源としてもよく知られています。

　丹念に育てたお米をもっと食べてほしい、と話す農家の方々もたくさんいます。

　こうした農家の方々のお米に対する愛着や食品業界のたゆまぬ研究開発によって、米粉はパン作りをはじめ、様々な料理に活用できる素材として注目されています。

　稲作の尊さを知り、お米を大切にするために、そしてなにより毎日の食事をおいしく豊かにするために、お米の新しい食べ方を提案しているのがこのレシピ集です。

　「ごはん」とはひと味違う、お米の意外なおいしさと出会っていただければ幸いです。

古田 育子

もくじ

Part1 毎日の食卓で活用できる米粉！

★ルー&ソース
- 6 チキンカレー
- 8 マカロニグラタン

★焼く
- 10 豆腐ステーキ きのこソースがけ
- 12 お好み焼き
- 14 大根餅
- 16 鮭のムニエル
- 18 焼き餃子とつけだれ2種
- 20 春餅（中国風クレープ）
- 22 牛肉の甘味噌炒め

★揚げる
- 23 イカのリング揚げ
- 24 たたき蓮根の磯辺揚げ
- 26 揚げだし豆腐
- 28 天婦羅
- 30 鯵の南蛮漬け
- 32 米粉の揚げピザ
- 34 フライドチキン／エビフライ

★煮る&蒸す&ゆでる
- 36 鶏肉の治部煮風
- 38 米粉をまぶした豚肉の蒸しもの
- 40 すいとん
- 42 米粉とホウレンソウのニョッキ ゴルゴンゾーラソース

★パスタ&うどん
- 44 打ってみよう！米粉のパスタ
  米粉のタリアッテレ フレッシュトマトソース
  米粉のタリアッテレ カルボナーラ
  米粉のタリオリーニ アサリとズッキーニのソース
- 50 手打ちうどん

Part2 米粉で作るパン・お菓子

- 54 焼いてみよう！米粉のパン
- 56 食パン
- 58 バターロール
- 60 あんぱん
- 62 シナモンロール
- 64 ベーグル
- 66 イーストドーナツ
- 68 スコーン／くるみパン
- 70 ミルクレープ
- 72 チョコマフィン

74	マドレーヌ
76	ロールケーキ
78	フルーツケーキ
80	シフォンケーキ黒胡麻風味
82	胡麻のチュイル
84	ガトーショコラ
86	シュークリーム
89	しぐれの里
90	よもぎ団子
92	桜餅

コラム

04	"米粉"ってどんな粉？
52	「グルテン」って何？
88	米粉のいろいろ
94	世界の米粉料理

この本について

使用している米粉は新潟製粉（株）の「パン用米粉」と「洋菓子用米粉」です。
レシピ中で「*」印がついているものはグルテンを加えた「パン用米粉」です。

計量の単位はおよそ

液体	1カップ＝200cc、大さじ1＝15cc、小さじ＝5cc
塩	大さじ1＝15g、小さじ1＝5g
砂糖	大さじ1＝9g、小さじ1＝3g
小麦粉	大さじ1＝8g、小さじ1＝3g
バター	大さじ1＝13g、小さじ1＝4g

米粉は水をたっぷり吸う性質があります。料理する日の気温や湿度によっては、表示した量よりも意外なほど多くの水が必要な場合があります。こねたり溶いたりした生地の仕上がりが固いように感じたら、迷わず水を加えてみてください。

"米粉"ってどんな粉?

　お米を粉に挽いた米粉は、和菓子などの原料として昔からなじみ深い食材です。けれども、ひとことに米粉といっても製粉方法や原料によって種類はさまざま。作る食品によって使いわけられています。さらに近年では製粉技術の進歩により、新しい用途にも向く「微細米粉」が登場。グルテンを含まない米粉はパンをふくらませたり麺を伸ばすのが苦手とされてきましたが、こうした、パンや麺にも適した粉が生まれているのです。(グルテンについては77ページで詳しく説明しています)

米粉と小麦粉との違い

★栄養価が高い!
多様なアミノ酸の組み合わせによって構成されるタンパク質。米粉は小麦粉に比べて必須アミノ酸のリジンが多く含まれています。また、アミノ酸のバランスがよく、タンパク質としての栄養価が高いのが特徴です。

★水分を多く含む!
人間は水分の約60%を食事から摂取しています。米粉のパンは小麦粉のパンに比べ水分を多く含み(小麦粉のパン:35〜38%、米粉のパン:42〜45%、ごはん:60%)、日常の水分摂取にも一役買います。米粉のパンがしっとりとした食感を保てるのもこのためです。

★同じ量でも低カロリー!
水分量の違いは、調理後のカロリーに大きく影響します。たとえば同じ重さのパンを焼いた場合、小麦粉なら38〜35%、米粉は45〜42%が水分です。水分が多いということは、その分カロリーが抑えられているということ。同じ量を食べて満腹感が得られても、米粉のパンならより低カロリーに抑えられるのです。また、難消化性のタンパク質プロラミンや食物繊維のヘミセルロースを含むため、腹持ちがよく、血糖値が急に上がらない、腸の働きが整うといった作用があります。

Part1
毎日の食卓で活用できる米粉！

　衣やつなぎとして料理に使うと米粉の活用度はグンとアップ！　小麦粉とはひと味ちがう食感が楽しめます。まぶして焼いたり揚げたりするとパリッとした歯触りが生まれ、お好み焼きや餃子のように水で溶いて焼けばモチモチ感のあるおいしさになります。片栗粉のようにとろみづけでも活躍。水分とともに旨味をつなぎとめ、のどごしよく仕上げます。

ルー&ソース

手間と時間をしっかりかけて作るから
コクがあってまろやかです。

チキンカレー

1人分400kcal

ルーの材料(4人分)

バター	46g（大さじ3）
ニンニク（みじん切り）	小さじ1
米粉	40g（大さじ5）
カレー粉	大さじ1
スープ	1／2〜1カップ弱
トマトケチャップ	大さじ2
ウスターソース	大さじ1
牛乳	50cc
塩	小さじ1／2
こしょう	少々

カレールーの作り方

❶フライパンにバターを溶かし、ニンニクのみじん切りを炒める。米粉を加えてきつね色になるまで炒めたら、さらにカレー粉を加えて軽く炒める（カレー粉は2〜3種類混ぜるとなお良い）。

❷スープを注ぎ、残りの材料も加えて混ぜ合わせたら一晩寝かせる。

材料(4人分)

鶏肉	200g
バター	24g（大さじ2）
赤トウガラシ	1本
ジャガイモ	中2個
タマネギ	大1個
ニンジン	1／2本
スープ	2と1／2カップ
ローリエ	1枚
ショウガ汁	少々
しょうゆ	小さじ1
砂糖	小さじ1／2
塩	少々
こしょう	少々

作り方

❶鶏肉はひと口大に切り、塩、こしょうしておく。野菜は1cm角、赤トウガラシはみじんに切っておく。

❷鍋にバター半量を溶かして鶏肉を焼き、色がつくまで炒め、取り出しておく。

❸残りのバターを溶かして赤トウガラシを炒め、野菜を入れてさらによく炒め、スープ、鶏肉、ローリエ、塩、こしょうを加えて20〜30分煮込む。

❹ルーを加え、さらに5〜10分煮込み、ショウガ汁と隠し味のしょうゆ、砂糖を加えて火を止める。

ルー&ソース

なめらかでもたれないホワイトソースは
いろいろな料理に応用できます。

マカロニグラタン

1人分439kcal

ホワイトソースの材料(4人分)

バター	46g（大さじ3）
米粉	36g（大さじ4と1／2）
牛乳	2カップ
スープ	1／2カップ
塩	小さじ1／2
こしょう	少々

ホワイトソースの作り方

❶ 鍋にバターを入れて火にかけ、焦がさないように溶かして米粉を入れて炒める。米粉がパサパサしてきたら火からおろし、人肌に温めた牛乳を少しずつ加える。

❷ 牛乳を半分程度加えたところで再び火にかけ、残りの牛乳を少量ずつ加える。具の調理で出る鶏肉とシイタケの蒸し汁も加える。

❸ 塩とスープを加えて再び火にかけ、とろりとするまで煮詰めてこしょうで味を整える。

材　料(4人分)

鶏肉	150g
生シイタケ	3〜4枚
塩	少々
こしょう	少々
バター	適量
A ｛ レモン汁	小さじ1
酒	大さじ1
水	大さじ3
マカロニ	120g
パン粉	適量
粉チーズ	適量
バター	12g
パセリのみじん切り	少々

作　り　方

❶ 鶏肉は一口大のそぎ切りにし、軽く塩、こしょうをする。シイタケは石づきをとり、バターでさっと炒める。

❷ 鍋に、1とAを入れ、ノタをして弱火で蒸し煮する（蒸し汁はホワイトソースに加える）。シイタケは蒸し上がったら4〜6mmのそぎ切りにする。

❸ マカロニをゆでる。バターを塗ったグラタン皿にマカロニをしき、ソースを半分かけた上に2をのせ、残りのソースをかける。パン粉と粉チーズをふり、バターを3〜4等分してのせる。

❹ 220℃に温めておいたオーブンの上段で焼き、表面に焼き色をつける。仕上げにパセリのみじん切りをふる。

焼く

カロリーを抑えてもタンパク質と食物繊維が
十分摂れるうれしい一品。

豆腐ステーキ
～きのこソースがけ～

1人分336kcal

材料(4人分)

木綿豆腐	1と1/3丁
米粉	適量
豚肉	100g
A しょうゆ	少量
酒	少量
シメジ	1パック
エノキダケ	1束
キヌサヤ	8～10枚
サラダ油	大さじ2～3
B しょうゆ	大さじ2
酒	大さじ2
こしょう	少々

作り方

❶ 豆腐は乾いたふきんで包んでまな板で挟み、水気を切る。
❷ 豚肉は細切りにして、Aで下味をつけておく。
❸ シメジは石づきを取り、小房に分けておく。エノキダケは石づきを取って半分に切る。キヌサヤはさっとゆでて千切りにする。
❹ 1を長方形に切り、表面に米粉をつける。
❺ フライパンにサラダ油を熱し、4の両面をきつね色に焼き、器に盛る。
❻ フライパンに再びサラダ油を入れ、豚肉、シメジ、エノキダケを炒めてBで味をつけ、キヌサヤとともに5にのせる。

体と地球にやさしい米粉 ❶

お米はアミノ酸バランスのよい良質なタンパク源です。タンパク質は現代の食事では肉や魚に頼りがちですが、お米をもっと食べることでも摂取することができます。肉や魚よりもたくさんお米を食べることは、タンパク質をきちんと摂りながらカロリーを抑えることにもなるのです。

4

焼く

大和イモをすりおろして入れるから
しっとりふんわりした食感に。

お好み焼き

1人分　412kcal

材料（直径15cm 1枚分）

A	米粉*	60g
	だし汁	80cc
	卵	1個
	大和イモ	（おろした状態で）大さじ1
	塩	小さじ1／4
キャベツ		300g
天かす		20g
とけるチーズ		40g
豚バラ肉（薄切り）		100g
サラダ油		小さじ2
とんかつソース		大さじ2
ケチャップ		大さじ2
マヨネーズ		適量
青海苔		適量
かつおぶし		適量

作り方

❶ キャベツを千切りにする。
❷ Aを合わせ、キャベツと天かす、チーズを入れて混ぜ合せる。
❸ 豚バラ肉は半分に切り、フライパンにサラダ油を熱して焼く。2をのせ、形を整えて両面とも中火で焼く。
❹ とんかつソースとケチャップを合わせてソースを作る。
❺ 器に盛り、4とマヨネーズをかけ、青海苔、かつおぶしを散らす。

体と地球にやさしい米粉❷

お米をたくさん食べると、田んぼを守り食料自給率を上げることにつながります。食料自給率を上げて輸入を減らすと、食料を日本に運ぶための船や飛行機の燃料が減らせるなど、地球環境にもやさしいのです。米粉を活用するとレシピの幅が広がり、人にも地球にもやさしい料理ができます。

焼 く

米粉なら生地がもたつかず、
初心者でも上手に作れます。

大根餅

1人分280kcal

材 料(4人分)

米粉	150g
腸詰(なければサラミ)	1本
干しエビ(または干し貝柱)	15g
干しシイタケ	2枚
ダイコン	180g
片栗粉	50g
A { 塩	小さじ1
こしょう	少々
砂糖	小さじ1
ゴマ油	小さじ1
水	2カップ

作 り 方

❶ 腸詰は薄皮をむき4つ割りにしてから薄切りに、干しエビと干しシイタケは戻したものを粗みじん切りにして、すべて一緒にしておく。

❷ ダイコンは千切りにしておく。

❸ 米粉と片栗粉、Aをよく混ぜ、水1カップを加えて混ぜておく。

❹ 鍋にゴマ油をしき、1を入れて香りが出るまで炒める。2を入れてさらに炒め、ダイコンに火が通ったら水1カップを加える。

❺ 沸騰したらボールに移して3を加え、麺棒を使ってよく練る。

❻ バットにゴマ油を塗り、5を流し入れてラップをかけ、20分くらい蒸し器で蒸す。

❼ 蒸しあがったら荒熱を取って冷蔵庫に入れ、一晩程度冷やす。

❽ 7を適当な大きさに切り分け、食べる前に両面を焼色がつくまでフライパンで焼く。

5

6

7

焼く

衣は薄づきなのに表面はパリッ、
バターの香りがおいしさを引き立てます。

鮭のムニエル

1人分410kcal

材料(4人分)

鮭	4切れ
塩	少々
こしょう	少々
米粉	適量
バター	12g(大さじ1)
サラダ油	大さじ1

作り方

❶鮭は塩、こしょうをふって10分ほどおき、水気をふきとって米粉をまぶす。

❷フライパンにバターとサラダ油を熱し、表になる側から焼く。

●つけあわせ2品

粉ふきイモ

ジャガイモ	3個
塩	少々
こしょう	少々

ホウレンソウのソテー

ホウレンソウ	1わ
バター	12g(大さじ1)
塩	少々
こしょう	少々

作り方

ジャガイモは乱切りにして水からゆで、柔らかくなったら湯を捨てる。塩、こしょうをふり、鍋ごと火の上であおって粉ふきイモにする。

ホウレンソウはさっとゆでて3~4cmの長さに切り、バターで炒めて塩、こしょうをふる。

●ソース

レモンバターソース

バター	大さじ2
レモン汁	小さじ1/2
パセリ	小さじ1/2

タルタルソース

マヨネーズ	大さじ4
さらしタマネギ	大さじ4
ピクルス(みじん切り)	大さじ1
固ゆで卵(みじん切り)	大さじ1
パセリ(みじん切り)	少々

バターをクリーム状に練り、みじん切りのパセリとレモン汁を混ぜる。型を整えて冷蔵庫で固める。

マヨネーズの中に、さらしタマネギ、ピクルス、固ゆで卵、パセリのみじん切りを入れ、混ぜる。

焼　く

ちょっとコツがいる皮づくりも
ベタベタしにくい米粉なら簡単です。

焼き餃子とつけだれ2種　1人分380kcal

材料(4人分)

米粉	200g
塩	少々
熱湯	1と1/2カップ
キャベツ	450g
ニラ	1/2束
長ネギ	1/2本
ショウガ	1片
ニンニク	1片
豚ひき肉	150g
A しょうゆ	大さじ3
酒	大さじ3
こしょう	少々
ゴマ油	大さじ1
ラード	大さじ1
水	150cc

作り方

❶ 米粉と塩をフードプロセッサーに入れ、熱湯を加えて、まとまるまでよく混ぜる。
❷ 1をボールに入れてふきんをかぶせ、20〜30分寝かす。
❸ キャベツをみじん切りにして小さじ1くらいの塩（分量外）でよく揉み、しばらくおく。ニラと長ネギをそれぞれみじん切りにする。
❹ ショウガ、ニンニクをおろし、A、長ネギと合わせておく。
❺ 4にひき肉を入れて全体がなじむまでよく混ぜ、水気を絞ったキャベツとニラを加える。
❻ 2をよく練ってから32個に切り分け、麺棒で丸く伸ばして皮を作り、具を包む。
❼ フライパンを火にかけ、油をひいて餃子を並べ、水を150cc加える。フタをして、沸騰するまでは強火で、沸騰したら中火にし、水気がなくなるまで焼く。
❽ 仕上げにゴマ油を上からかけ、器に盛る。

●餃子のつけだれ2種

みそ風味

みそ	大さじ2
酢	大さじ1
スープ	大さじ1
粉山椒	少々

ゆず風味

ポン酢しょうゆ	大さじ1
ゆずこしょう	小さじ2
ゆずの皮（軽くすりおろす）	

作り方
材料を合わせ、よく混ぜる。

餃子の包み方　Point

1. 重ねた皮の中央をつまんでとじる。
2. 端を横から押して中央に寄せ、輪になった部分のひとつでひだを作る。
3. もう一方の端でも同様にひだを作り、三日月型にする。

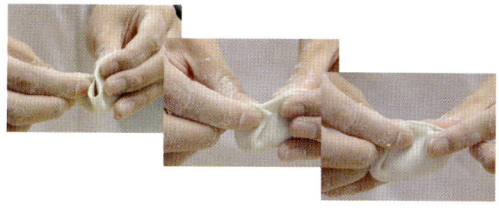

焼　　く

立春の日のお祝い料理。
北京ダックを包む皮としても有名です。

シュンピン
春餅（中国風クレープ）

1人分　1651kcal

材料(4人分)

米粉	100g
強力粉	100g
塩	少々
ラード	小さじ1
ぬるま湯	110〜120cc
ゴマ油	適量

作り方

① 米粉と強力粉を合わせる。
② 2.1に塩、ラードを入れて、ぬるま湯を加え、耳たぶくらいの固さに練る。
③ ボールに入れ、ぬれぶきんをかぶせて30〜40分寝かせる。
④ 再び練ってまとめ、10等分して丸める。
⑤ 手のひらでつぶして平らにしたものを2枚1組にする。1枚にゴマ油を塗り、もう一枚を重ね合わせてぴっちり押さえる。
⑥ 麺棒で直径15〜20cmくらいになるまで薄く伸ばす。
⑦ フライパンを中火にかけ、油をひかずに両面を焼く。
⑧ 軽く焼き色がつき、生地がふくらんできたら、フライパンから取り、台にたたきつける。
⑨ 生地の間の空気を逃がしてから、2枚に重なっているところをはがす。
⑩ 食べる直前に蒸し器で4〜5分蒸す。

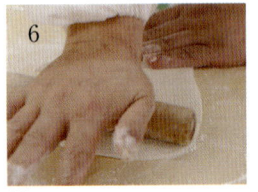

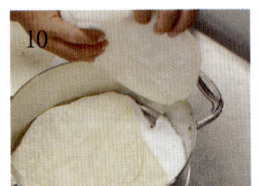

焼 く

甘味噌と長ネギとともに
春餅で包んでいただきます。

牛肉の甘味噌炒め（春餅の具）

材料(4人分)

牛モモ肉（塊）		250g
キュウリ		1本
長ネギ		1本
A	しょうゆ	適量
	塩	適量
	旨味調味料	適量
	溶き卵	1/2個
片栗粉		大さじ1
油		大さじ2
豆板醤		小さじ1
B	甜麺醤	大さじ1
	スープ	大さじ1
	しょうゆ	大さじ2/3
	砂糖	小さじ1
	酒	小さじ1

●春餅のつけだれ

甘みそ

甜麺醤	大さじ2
砂糖	大さじ1
ゴマ油	大さじ2/3

作り方
材料を合わせ、よく混ぜる。

作り方
❶ キュウリはマッチ棒の太さに切る。長ネギは白髪ネギにする。
❷ 牛モモ肉は3mmの細切りにして、Aを加えて下味をつける。
❸ 肉が溶き卵をしっかり吸ったら、片栗粉を加えてねじるように和える。全体がよく混ざったら油を加えてほぐしておく。
❹ 鍋をよく熱して油をなじませてから、さらに少し多めに油を入れ、2の牛肉を入れる。ほぐすように炒めたらザルにあけて余分な油を切る。
❺ 鍋に豆板醤を入れて焦がさないように炒め、4の肉を加える。さらにBの調味料を加え、水気がなくなるまで炒める。
❻ 甘みそ、キュウリ、白髪ネギとともに、春餅(P.20)で包んでいただく。

揚げる

淡泊な素材には、
ソースもレモンもよく合います。

イカのリング揚げ

1人分183kcal

材料(4人分)

イカ	1杯
塩	少々
こしょう	少々
米粉	適量
揚げ油	適量

作り方

❶ イカは皮をむいて1cm幅の輪切りにし、塩、こしょうで下味をつける。
❷ 水気を取り、米粉をまぶす。
❸ 170℃～180℃の油で揚げる。

Point
プラス一さじ

衣にカレー粉を加えると、一味違うおいしさになります。

揚げる

シャキシャキの歯ざわりを
さっくりとした衣で包む一品です。

たたき蓮根の磯辺揚げ

1人分181kcal

材料(4人分)

レンコン	200g
むきエビ	100g
生シイタケ	4枚
シシトウ	8本
米粉	50g
卵	1個
味塩	少々
青海苔	小さじ2
レモン	1/2個
揚げ油	適量

作り方

❶ レンコンは皮をむいて酢水(分量外)に漬け、あく抜きをする。水気をふきとって縦4つに切り、ビニール袋に入れてすりこぎ棒で細かくたたく。

❷ むきエビは指先大に切る。生シイタケは石づきを取って1cm角に切り、石づきは手でほぐす。シシトウは竹串で穴を開ける。

❸ 1と2をボールに入れて、米粉、溶き卵、青海苔を加え、混ぜ合わせる。

❹ スプーンで一口大にまとめ170℃の油で揚げる。シシトウも一緒に揚げる。

❺ 味塩を振って器に盛り、レモンを添える。

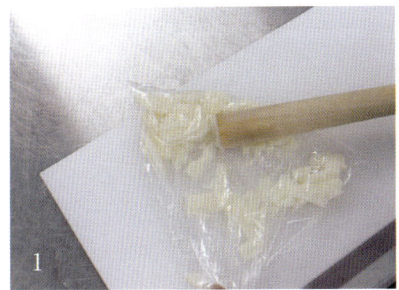

揚げる

衣が薄くて軽いから
豆腐の甘みがそのまま生かせます。

揚げだし豆腐

1人分258kcal

材料(4人分)

木綿豆腐	1丁半
米粉	適量
シシトウ	8本
ダイコン	200g
ショウガ	1片
花かつお	少々
揚げ油	適量

かけ汁

だし汁	1カップ
みりん	40cc
しょうゆ	40cc

作り方

❶ 豆腐は巻きすで包み、重石をのせて30分くらい水切りをする。シシトウは竹串で穴を開ける。
❷ 豆腐は一丁を8等分にして米粉をつけ、シシトウは170℃、豆腐は180℃の油で揚げる。
❸ ダイコン、ショウガをおろす。
❹ かけ汁の材料を鍋に入れて火にかけ、沸騰したら火からおろす。
❺ 2を器に盛り、3と花かつおを添えて4をかける。

Point 豆腐をさっくり揚げるには

しっかり豆腐の水切りをすることと高温の油で手早く揚げることが大事。揚げ油の温度は、衣を落としてみてすぐ浮いてくるくらいがめやすです。

2

揚げる

米粉を使えば揚げ物の達人！
きっと誰かに食べさせたくなります。

天婦羅

1人分302kcal

材料(4人分)

エビ		8尾
イカ(むき身)		40g
小ナス		2個
生シイタケ		4枚
シシトウ		8本
衣	米粉	100g
	卵黄	1個
	冷水	150cc
	米粉(打粉)	適量
ダイコン		
ショウガ		
揚げ油		適量

天つゆ

だし汁	1カップ
しょうゆ	40cc
みりん	40cc

作り方

❶ エビは尾を残して殻をむき、背わたを取る。腹側に4箇所ほど切り込みを入れ、背側から指で押さえてまっすぐにのばす。
❷ イカは切れ目をいれ、一口大に切る。
❸ 小ナスは縦半分に切り、切れ目を入れて水にさらす。シイタケは石づきを取り、シシトウは竹串で穴を開ける。
❹ ボールに卵黄と冷水を入れて混ぜ、米粉を加えて混ぜる。
❺ 1、2、3に米粉(打粉)をまぶす。
❻ 4をつけて175℃の油で揚げる。
❼ かけ汁の材料を鍋に入れて沸騰させる。ダイコン、ショウガはおろす。
❽ 器に盛り、7を添える。

5

6

6

揚げる

ピリッと甘酸っぱい南蛮酢を
鯵にしっかりまとわせて。

鯵の南蛮漬け

1人分281kcal

材料(4人分)

アジ	4尾
米粉	適量
シシトウ	8本
タマネギ	100g
赤トウガラシ	1本
トマト	1個
A／だし汁	100cc
砂糖	大さじ1と1/2
しょうゆ	大さじ3
酢	大さじ3
揚げ油	適量

作り方

❶ アジは頭と内臓を取って水洗いをし、3枚におろす。ゼイゴ(脇腹の固いうろこ)と腹骨を取って一口大に切り、米粉をつける。

❷ シシトウは竹串で穴を開ける。

❸ タマネギは薄切り、赤トウガラシは輪切りにし、トマトは皮をむいて一口大に切る。

❹ シシトウは170℃、アジは180℃の油で揚げる。

❺ 鍋にAを入れて火にかける。沸騰したら火を止めて酢を加える。4とタマネギ、赤トウガラシを入れ、30分ほど漬ける。

❻ 器に5を盛り、トマトを添える。

おいしさUPのコツ Point

おいしい南蛮酢を作るには、火を止めてから酢を加えます。酢を入れてから火にかけると酸味と香りが飛んでしまいます。

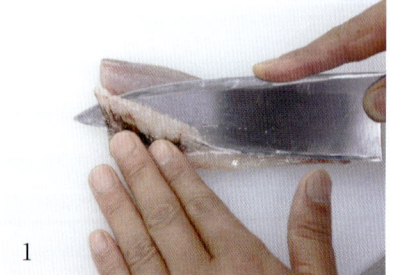

1

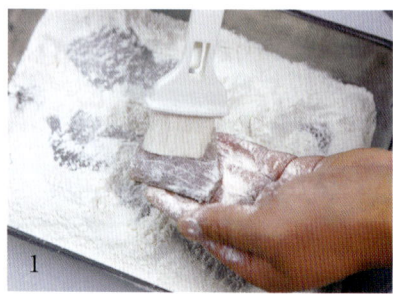

1

揚げる

外側パリッ！内側モチモチ！
中からチーズがとろけます。

米粉の揚げピザ

1人分355kcal

材料(4人分)

米粉*	150g
ドライイースト	4g
塩	3g
砂糖	少々
オリーブオイル	大さじ1
水	107cc
A ピザ用チーズ	100g
生ハム	2枚
ルッコラ	10〜12枚
揚げ油	適量

作り方

1. 生ハムは千切りに、ルッコラは細かく刻んでおく。
2. ボールにA以外の材料を入れ、混ぜ合わせてひとまとめにする。
3. 生地を4等分して丸める。薄く油を塗ったバットに並べてラップをかぶせ、30分〜1時間ほど発酵させる。
4. 麺棒で2mmくらいの厚さに丸く伸ばし、中央にAをのせて、空気が入らないように半分にたたむ。ふちを重ねたまま、少しずつ巻き込むようにしてとめる。
5. 170℃の油で全体がきつね色になるまで揚げる。

Point　この具もぴったり

生ハムの代わりにベーコン、ルッコラの代わりにホウレンソウを包んでもおいしく作れます。

下味は卵でしっかり絡ませて
衣はあくまで軽くあっさりと。

フライドチキン

1人分302kcal

材　料 (4人分)	
鶏肉（ドラムスティック）	12本
A　酒	少々
塩	少々
しょうゆ	少々
ニンニク	1片
卵	1個
米粉	適量
揚げ油	適量

作 り 方

❶ 鶏肉にAをからめてしばらくおき、下味をつける。
❷ 水気をふきとり、米粉をまぶす。
❸ 170℃〜180℃の油で揚げる。

揚げる

軽くはたいた米粉の打ち粉が
エビのうまみを封じ込めます。

エビフライ

1人分223kcal

材料(4人分)

エビ	8尾
塩	少々
こしょう	少々
米粉	適量
溶き卵	適量
パン粉	適量
揚げ油	適量

作り方

❶ エビは尾を残して殻をむき、背わたを取る。腹側に4箇所ほど切り込みを入れ、背側から指で押さえてまっすぐにのばす。
❷ 軽く塩、こしょうをして下味をつける。
❸ 米粉をまぶし、さらに、溶き卵、パン粉の順に衣をつける。
❹ 170℃〜180℃の油で揚げる。

煮る&蒸す&ゆでる

鶏肉とシイタケから出る旨味を
とろみでたっぷり絡ませて。

鶏肉の治部煮風

1人分169kcal

材料(4人分)

鶏モモ肉		200g
米粉(打粉)		適量
生シイタケ		4枚
ニンジン		60g
キヌサヤ		8枚
だし汁		300cc
A	酒	大さじ1
	みりん	大さじ1
	砂糖	小さじ2
	しょうゆ	大さじ1と1/2
米粉(とろみづけ)		小さじ2
ワサビ		少々

作り方

❶ 鶏肉は一口大のそぎ切りにして米粉をまぶす。

❷ 生シイタケは石づきを取り、ニンジンは短冊切りにしてそれぞれゆでる。キヌサヤもゆでる。

❸ 鍋にだし汁とAを入れて火にかけ、沸騰したら鶏肉、生シイタケ、ニンジンを入れる。

❹ 再び沸騰したら中火で8分ほど煮て、最後に水で溶いた米粉を加えてとろみをつける。

❺ 器に盛り、キヌサヤとワサビを添える。

食感UPの秘密 **Point**

鶏肉にあらかじめ米粉をまぶしておくことで、肉の表面に膜が張り、食感になめらかさが加わります。とろみづけで、さらにのどごしがよく仕上がります。

37

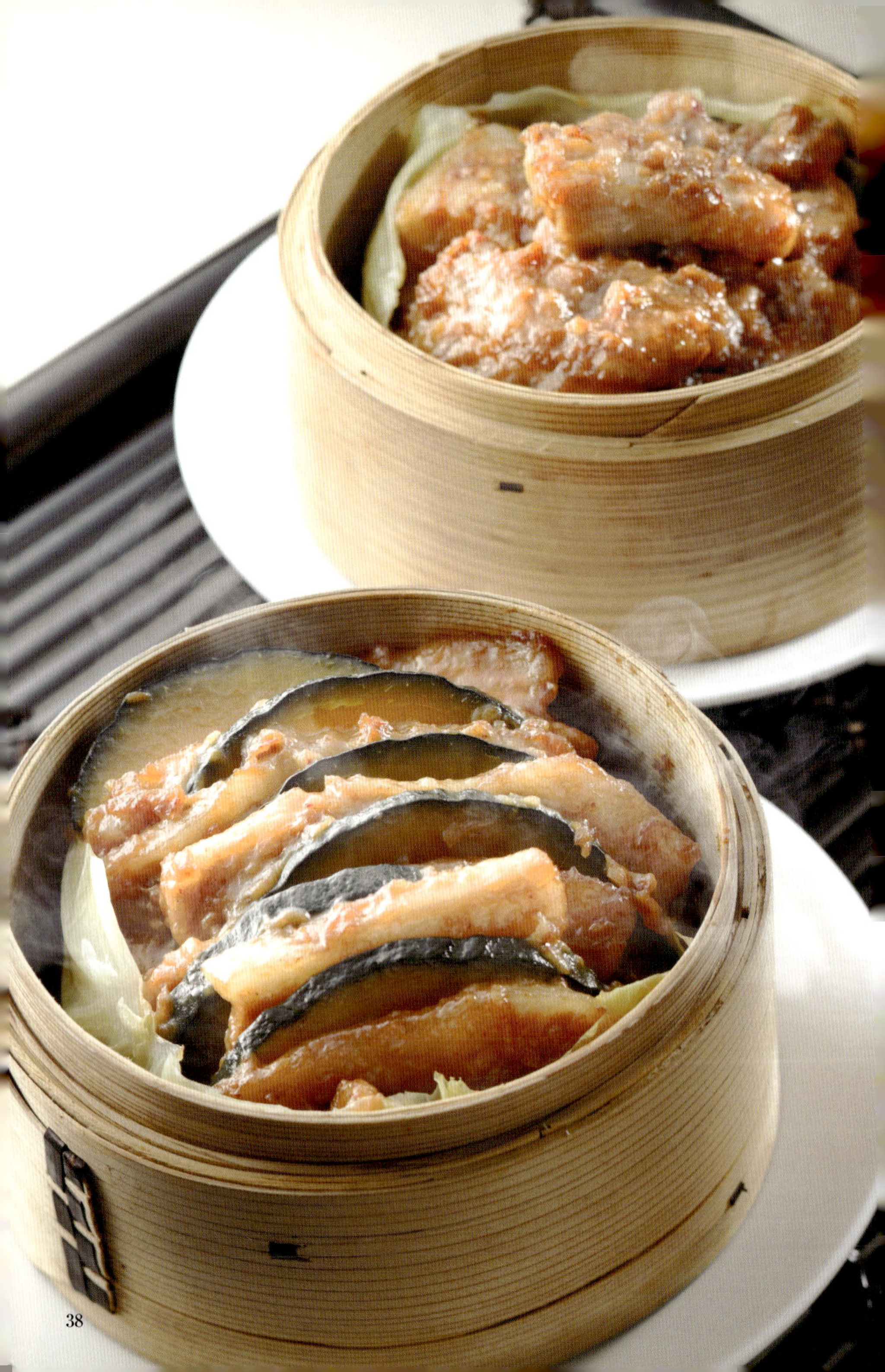

煮る&蒸す&ゆでる

米粉がうま味をしっかりとじこめるから
鶏肉や魚でもおいしくできます。

米粉をまぶした豚肉の蒸しもの

1人分389kcal

材料(4人分)

豚バラ肉(塊)	200g
カボチャ	200g
米粉	大さじ3～4
A 豆板醤	大さじ1
甜麺醤	大さじ1
ニンニク	2片
長ネギ	1本
サラダ油	大さじ1
酒	大さじ1
キャベツ	2～3枚

作り方

❶ 豚バラ肉とカボチャは2～3mmの厚さに切る。ニンニクと長ネギはみじん切りにする。
❷ 豚バラ肉にAで下味をつけておく。
❸ 2に米粉を加え、肉にしっかり絡むようにまぶした後、サラダ油を入れてよく混ぜておく。
❹ 小さな中華セイロにキャベツを敷き、3とカボチャを交互に重ねて並べ、30～40分間蒸し器で蒸す。

中華料理と米粉

麺や皮にして食べる以外にも、さまざまな方法で米粉を活用しているのが中華料理。蒸しものにまぶしたり、蒸しパンに用いるなどは一般的な料理法のようです。デザートでは白玉粉もよく使われます。

Point
プラス一さじ
好みで仕上げにみじん切りにした長ネギや粉山椒をふってもおいしくいただけます。

39

煮る&蒸す&ゆでる

米粉でつくったお団子は
おもちみたいでおもちよりあっさり！

すいとん

1人分390kcal

材料(4人分)

にぼし	3～4本
水(だし用)	5カップ
ジャガイモ	200g
ダイコン	10cm
ニンジン	小1本
ゴボウ	1/2本
長ネギ	1/2本
シメジ	1/2パック
油あげ	1/2枚
豚ひき肉	80g
サラダ油	大さじ1
みそ	大さじ4～5
｛ 米粉	1と1/2カップ
｛ 水(溶き水)	1/4カップ

作り方

❶ にぼしを水に漬けて15分くらい置き、煮出してこす。

❷ ジャガイモ、ダイコン、ニンジンは千切り、ゴボウはささがき、長ネギは縦半分に切ってから斜め切りにする。シメジはほぐす。油あげは油抜きをして食べやすく切る。

❸ 米粉を水で溶き、耳たぶくらいの固さにまとめる。

❹ 鍋にサラダ油を入れ、豚ひき肉、ジャガイモ、ダイコン、ニンジン、ゴボウ、シメジ、油あげを炒め、1を加えて野菜に火を通す。

❺ 3を丸め、中央を少し窪ませて4に落とし入れる。

❻ みそを溶き入れ、最後に長ネギを加える。

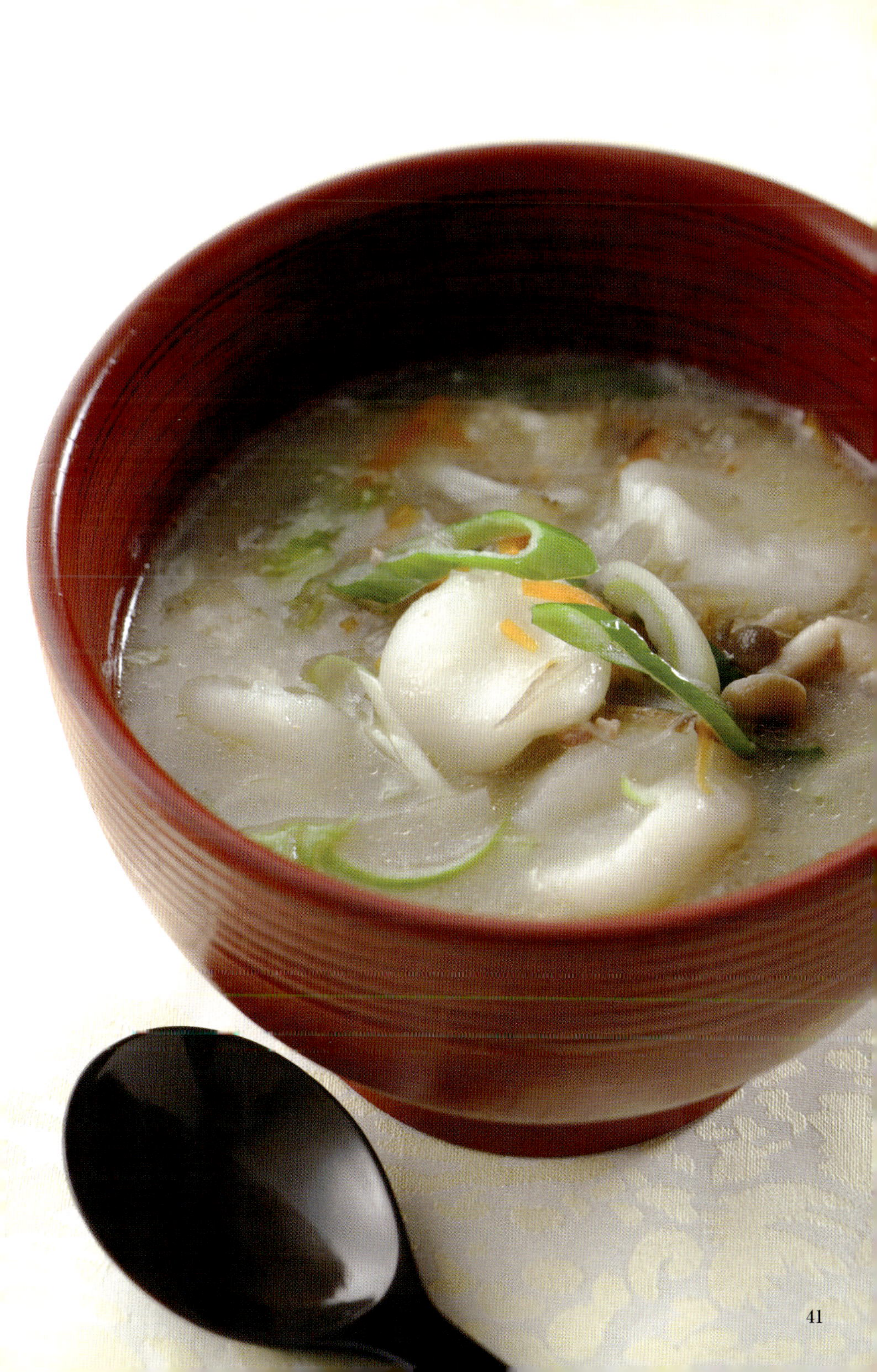

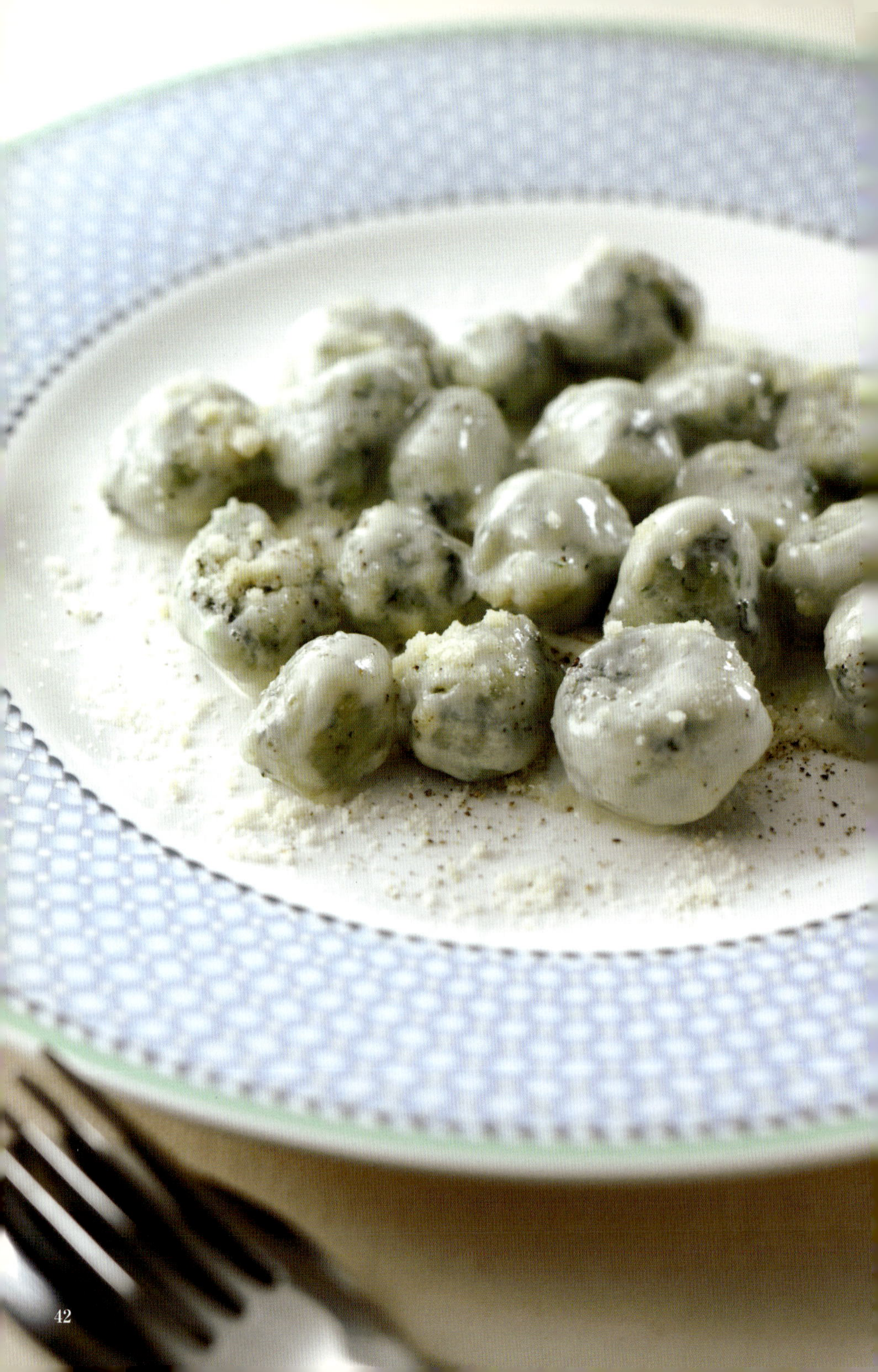

煮る&蒸す&ゆでる

とろ〜りチーズをたっぷり絡めて
アツアツのうちに召し上がれ。

米粉とホウレンソウのニョッキ ゴルゴンゾーラソース

1人分586kcal

材料(4人分)

ホウレンソウ(ゆでたもの)		120g
A	米粉	220g
	牛乳	80cc
	卵黄	1個
	パルメザンチーズ	大さじ5
	ナツメグ	少々
	塩	少々
B	生クリーム	220cc
	無塩バター	大さじ1
	ゴルゴンゾーラチーズ	40g
パルメザンチーズ		大さじ2
黒こしょう		少々

作り方

❶ ホウレンソウをみじん切りにする。
❷ ボールにホウレンソウとAを入れ、練って一まとめにする。
❸ 2を直径2cmくらいのボール状に丸める。
❹ ソースを作る。ゴルゴンゾーラチーズは溶かしやすいように小さく切っておく。鍋にBを入れ、ゴルゴンゾーラチーズが溶けるまで火にかける。
❺ 別の鍋にたっぷりの湯を沸かして3を入れて、浮いてきたらザルですくい、4のソースに移す。
❻ 5を再び火にかけて、ソースとよく絡める。
❼ 皿に盛ってパルメザンチーズと黒こしょうをふる。

打ってみよう！

米粉のパスタ
~基本のパスタ作り~

ちょっと力が必要だけど、しっかりこねると
コシの強いパスタに仕上がります。

基本の材料	米粉（パン用米粉*）250g、卵（大）3個 オリーブオイル 大さじ2、塩 少々

作り方

❶ ボールに材料を入れ、ひとかたまりになって表面にツヤが出るまでよく練る。

❷ パスタマシーンで伸ばす。

❸ それぞれのパスタの幅に切る。

❹ パスタがくっつかないよう、全体によく粉をまぶし、ほぐす。

パスタ&うどん

トマトとチーズのゴールデンコンビを
平打ちパスタがしっかり受け止めます。

米粉のタリアッテレ フレッシュトマトソース

1人分718kcal

材料(4人分)

タリアッテレ	(基本のパスタの量)
トマト	8個
ニンニク	1片
エクストラバージンオリーブオイル	100cc
塩	少々
こしょう	少々
バジル	3枚
モッツァレラチーズ	1個
パルメザンチーズ	少々

作り方

❶ トマトはヘタを取って、乱切り、ニンニクはみじん切りにする。
❷ モッツァレラチーズは1cm角に切る。バジルは手でちぎる。
❸ 鍋にニンニク、エクストラバージンオリーブオイルを加えて火にかける。ニンニクの香りがしてきたらトマトを加え、形がなくなるまで3〜4分煮込み、塩、こしょうで味を整える。
❹ 別の鍋にたっぷりの湯をわかして塩を加え、タリアッテレをゆでる。ゆであがったら3の鍋に移し、火にかけながらよく絡める。
❺ 4を火からおろし、バジルとモッツァレラチーズを加えて余熱でよく和える。
❻ 皿に盛ってパルメザンチーズをふる。

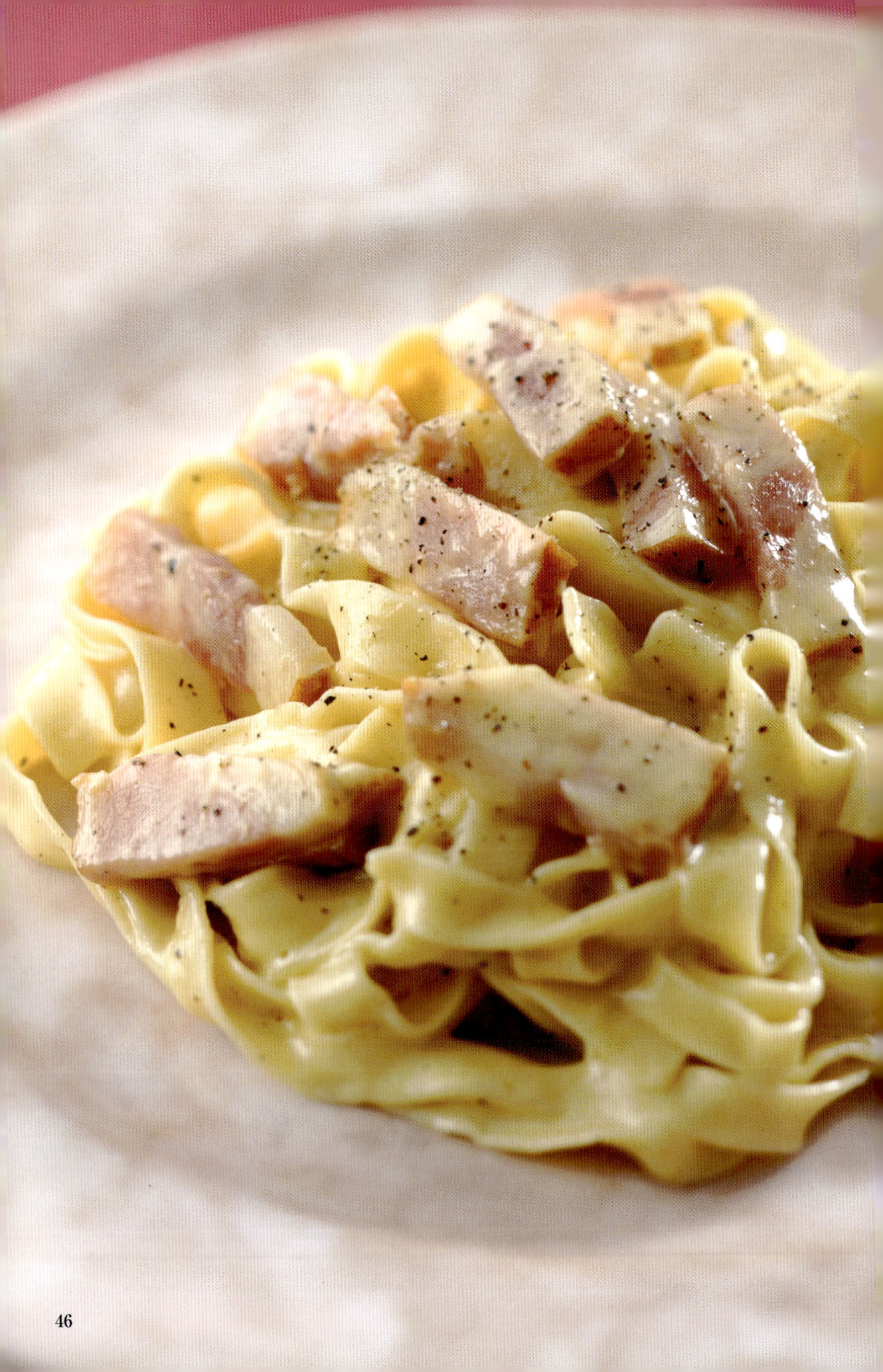

パスタ&うどん

クリーミーで濃厚なカルボナーラには
太めで存在感満点のパスタがぴったり!

米粉のタリアッテレカルボナーラ

1人分945kcal

材料(4人分)

タリアッテレ(基本のパスタの量)	
ベーコン(塊)	150g
無塩バター	大さじ2
白ワイン	50cc
黒こしょう	少々
A 卵黄	3個
生クリーム	280cc
パルメザンチーズ	大さじ3
黒こしょう	少々
塩	少々

作り方

❶ ベーコンは5mm角の拍子木切りにする。
❷ ボールにAを入れ、泡立て器でよく混ぜ合わせておく。
❸ フライパンにバターを溶かし、ベーコンをカリッとなるまで炒め、白ワインを注いでアルコール分を飛ばす。
❹ 別の鍋にたっぷりの湯をわかして塩を加え、タリアッテレをゆでる。ゆであがったら3のフライパンに移し、2を加える。
❺ 火にかけたり、おろしたりしながら全体がねっとりするまで加熱する。
❻ 皿に盛り黒こしょうをふる。

手打ちパスタの太さいろいろ

★タリオリーニ‥‥‥幅3~4mm
★タリアッテレ‥‥‥幅5~8mm
　パッパルデッレ‥‥幅2cm程度

タリアッテレは「フェットチーネ」と呼ばれることもあります。細いものはオイルパスタなどに、太いものは濃厚なクリームソースなどに向いているといわれています。

パスタ&うどん

細麺はのどごしと弾力が抜群！
アサリの旨味をたっぷり絡めて。

米粉のタリオリーニ
アサリとズッキーニのソース

1人分580kcal

材料(4人分)

タリオリーニ	(基本のパスタの量)
ズッキーニ	1.5本
エシャロット	1個
ニンニク	1/2片
オリーブオイル	大さじ5〜6
殻つきアサリ(砂抜き)	400g
白ワイン	1/2カップ
塩	少々
こしょう	少々
バジル	5〜6枚

作り方

❶ ズッキーニは千切り、エシャロットはみじん切りにする。
❷ 鍋にニンニクとオリーブオイル大さじ1を入れて火にかけ、焦がさないように香りが出るまで炒める。
❸ 殻つきアサリを加え、白ワインを注ぎ、フタをして蒸し煮にする。アサリの殻は開いたらボールに移し、身を取り出して、殻は除いておく。
❹ フライパンに残りのオリーブオイルを入れ、1を炒める。しんなりしたら3を加えて、一煮立ちさせて塩、こしょうで味を整える。
❺ 別の鍋にたっぷりの湯をわかして塩を加え、タリオリーニをゆでる。ゆであがったら3のフライパンに移し、再び火にかけて、よく絡める。
❻ 皿に盛ってバジルの葉を飾る。

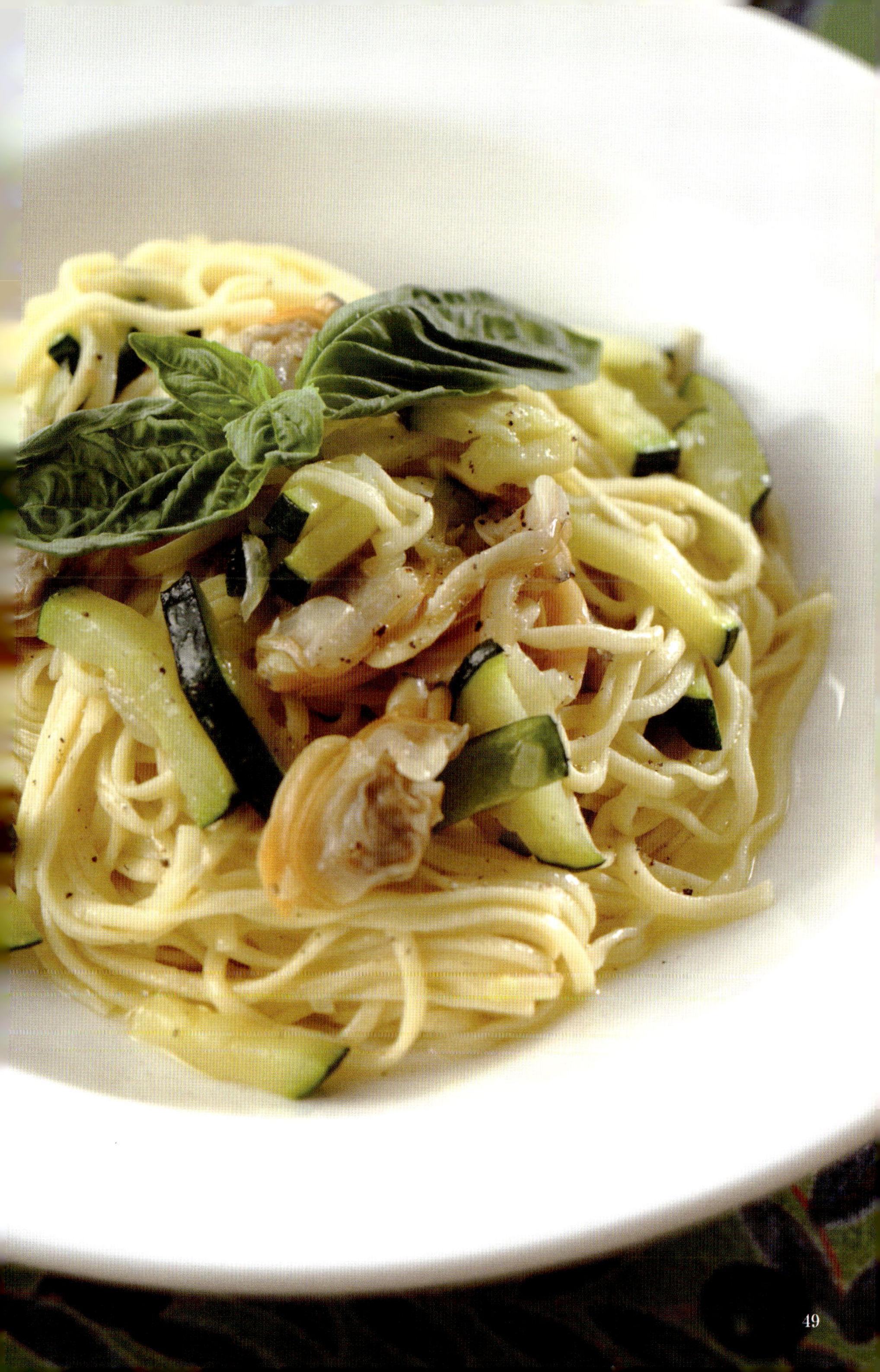

作り方

❶ 水と塩を混ぜ合わせて塩水を作る。大きめのボールに米粉を入れ、中央部にくぼみを作って塩水を加え、円を描くように混ぜる。十分に塩水がいきわたったら、少しずつ寄せてまとめる。

❷ ビニール袋に入れて、5分くらい足で踏む。平らになったら袋の中で生地を軽く巻き直し、ビニールの口を閉じて再び5分ほど踏む。さらに巻き直し、3分ほど踏む。

❸ 生地を袋から出して丸め、さらに外側を内側に押し込むようにしてへそだしを行う。再びビニール袋に入れ、1時間ほどねかせる。

パスタ&うどん

のどごしのいい手打ちうどんは、
みんなで作ればおいしさ倍増です。

手打ちうどん

1人分538kcal

うどん材料(4人分)	
米粉*	500g
塩	34g
水	320g
米粉(打粉)	適量

薬味	
刻み海苔	少々
万能ネギ	2～3本
ショウガ	1片
ダイコン	400g

つゆ	
だし汁	300cc
みりん	大さじ4
しょうゆ	大さじ4

❹3を手のひらで延ばしたあと、さらに打粉をした台の上で、麺棒を使い3～4mmの厚さにのばす。

❺4をたたみ、2～3mm幅に切る。

❻万能ネギは小口切り、ショウガとダイコンはおろして薬味を作る。

❼鍋につゆの材料を入れて火にかけ、沸騰したら火からおろして冷ます。

❽たっぷりの熱湯を沸かし、うどんを8～10分ゆで、水にさらす。さらに氷水で冷やして器に盛り、刻み海苔と薬味を添える。

ここが違う米粉と小麦粉
「グルテン」って何？

　グルテンは小麦だけに含まれ、米やほかの穀物にはないタンパク質です。小麦粉に水を加えてこねるとグルテンが作られ、生地に弾力や粘着性が生まれます。パンがふくらんだり麺がなめらかに伸びるのは、このグルテンのおかげ。米粉が小麦粉ほどさまざまなものに加工できなかったのは、グルテンがないからともいえます。

　米粉でパンを焼こうとする場合、これまでいちばん課題となってきたのがグルテンのはたらきをどう補うか、ということでした。従来の製粉方法で作られる米粉は小麦粉より粒子が大きいため、グルテンをただ混ぜるだけでは気泡を包みこむはたらきがさまたげられてしまい、うまくふくらまなかったのです。

　しかし近年、研究と改良が重ねられた末に可能となったのが、粒子を小麦粉のように細かくした「微細米粉」の製造です。米粉の粒子を細かくすることで他の食材との親和性が高まり、小麦粉の代わりができるものとなりました。たとえば、米粉に混ぜ込んだ小麦のグルテンが十分はたらき、生地をふくらますことができます。

　また、「微細米粉」には、グルテンを加えていないものもあり、小麦粉に代わって揚げ物の衣などに利用でき、小麦にアレルギーをもつ人などによろこばれています。

グルテンなしだから口当たりなめらかに

ケーキやクッキーのレシピにはよく、「こねないように手早く切るように混ぜる」という注意があります。これは、小麦粉に水分を加えるとグルテンが作られるため。パンやお菓子の生地をふくらませるためにグルテンは重要ですが、こね過ぎると固くなったり、口当たりの重い生地になってしまうのです。グルテンを含まない米粉なら、やわらかくなめらかなお菓子が上手に作れます。

サクサク食感＋カロリーダウン

小麦粉よりも粘度が低いことも米粉の利点のひとつ。違いがはっきりわかるのは水に溶いたときで、米粉はダマができにくく、サラサラとした状態になります。そのため、揚げものの溶き衣は厚くなり過ぎず、また、直接まぶすときにも衣が薄く均一につくため、天ぷらはサクサク、唐揚げはカリッと揚がります。衣を薄くすることで衣の吸油量が抑えられ、カロリーダウンにもつながります。

Part2
米粉で作るパン・お菓子

　米粉を使ってパンやお菓子を作ると、独特のしっとり、もっちりとした食感が生まれます。この食感が人気を呼び、近年では多くの食品メーカーで利用され、学校給食でもさかんに採用されています。
　微細米粉を使えば、家庭でも簡単に作れるパンやお菓子のおいしさは、試してみる価値が大いにありそうです。いつものパンやお菓子と見た目は変わらないのに、食感や味わいがまったく異なるから不思議です。あんこやきなこなど、和風の食材と相性がいいのも、米粉ならではといえそうです。

焼いてみよう！
米粉のパン
～基本の生地作り～

パン用米粉を使えば、もちもちの焼き立てパンがかんたんに作れます。

基本の材料	米粉、砂糖、塩、スキムミルク、ドライイースト、水（40℃くらいのぬるま湯）、バター

作り方

❶ ボールに砂糖、塩、スキムミルクを入れ、1／3の量の水で溶く。

❷ 全体に混ざったら、米粉、ドライイースト、残りの水を入れて合わせる。

❸ ベタベタしている生地がまとまり、手についてこなくなるまで混ぜる。

❹ ひとかたまりになったら台の上に取り出し、指に引っかけるようにして伸ばしながら台にたたきつける。

❺ 広げた生地の中心にバターをのせて、巻き込むようにしながらまとめ、さらにこねてなじませる。

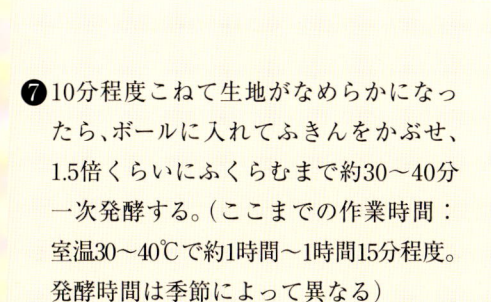

❻ 生地を引っぱってみて切れずによく伸びるようになればOK。

❼ 10分程度こねて生地がなめらかになったら、ボールに入れてふきんをかぶせ、1.5倍くらいにふくらむまで約30〜40分一次発酵する。（ここまでの作業時間：室温30〜40℃で約1時間〜1時間15分程度。発酵時間は季節によって異なる）

パン・お菓子

シンプルなパンだからこそ、
米粉の甘みともっちり感が引き立ちます。

食パン

食パン型1斤　940kcal

材　料（食パン型1斤分）

米粉*	200g
砂糖	16g
塩	4g
スキムミルク	4g
ドライイースト	6g
水	150cc
バター	16g

作り方

❶ 基本の生地を作る。

❷ 一次発酵後の生地を取り出し、台の上で再びたたく。

❸ 10分程度たたき続け、伸びが良い状態になったら2等分して丸め、食パン型に詰める。ぬれぶきんまたはビニール袋をかぶせて30～40分間2次発酵する。

❹ 生地がさらに1.5倍くらいにふくらんだら、210℃に温めたオーブンで20～25分焼く。

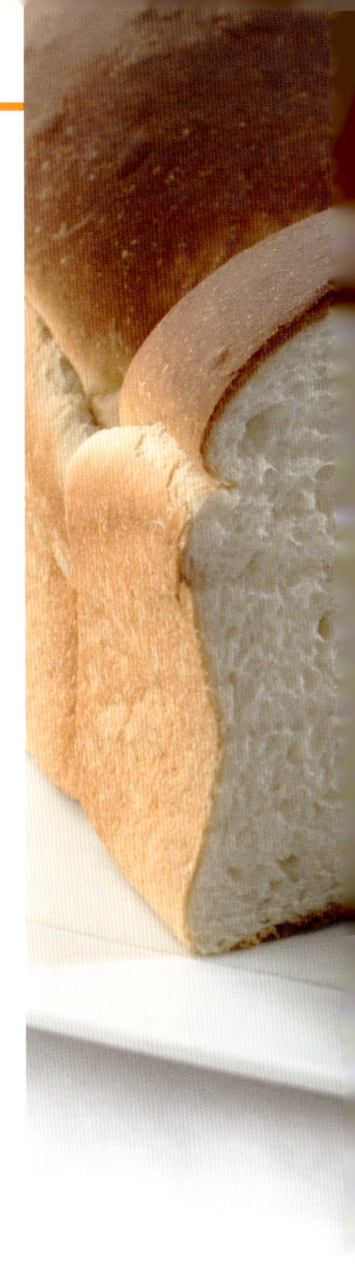

2

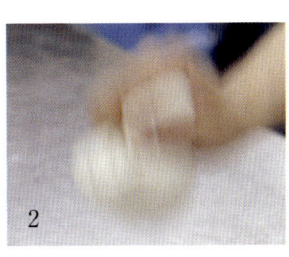

3

4

パン・お菓子

焼きたてはもちろん、
温めなおしてもしっとりおいしいのが特徴。

バターロール

1個 144kcal

材料(8個分)

米粉*	200g
砂糖	24g
塩	3g
スキムミルク	4g
ドライイースト	3g
卵	24g(Mサイズ約半分)
バター	30g
水	120cc
塗り卵	1/2個

作り方

❶ 基本の生地を作る。ただし、手順1のあとで溶きほぐした卵を加える。
❷ 一次発酵後の生地を取り出し、台の上で再びたたいて、8等分して丸め、10〜15分休ませる。形を作り、天板に並べて30〜40分間2次発酵する。
❸ 1.5倍くらいにふくらんだら、表面に卵を塗り220℃に温めたオーブンで約12分焼く。

ロールパンの形作り

❶ 丸めた生地を台の上で転がし、一方が細くなるよう伸ばす。
❷ 手のひらで軽くつぶしてから、麺棒で2〜3mmの厚さまで均等に伸ばす。
❸ 広い方から生地を巻いていく。
❹ 巻き終わりが下になるように天板に並べる。

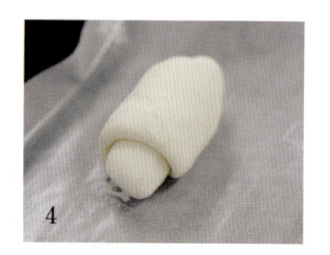

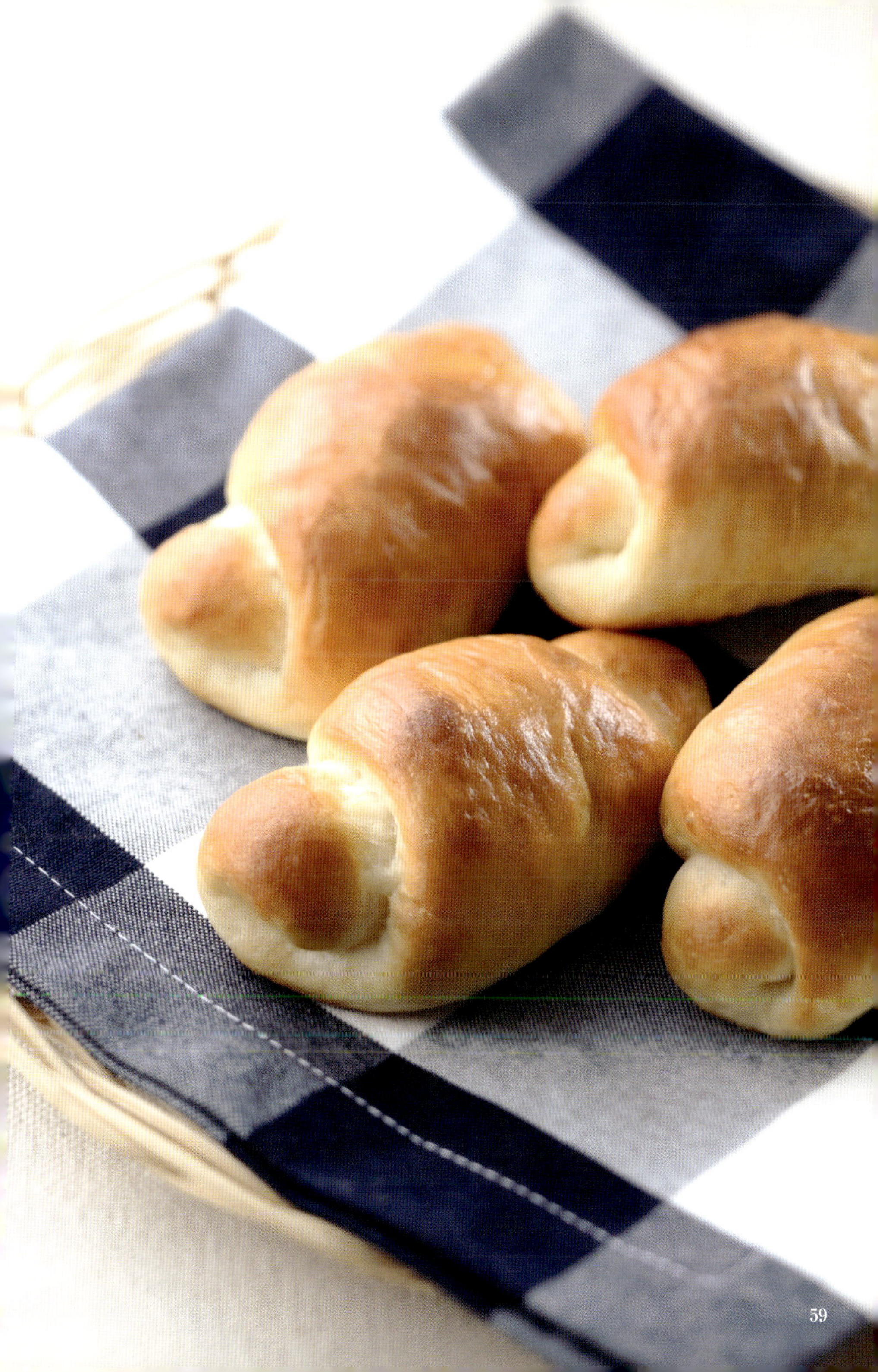

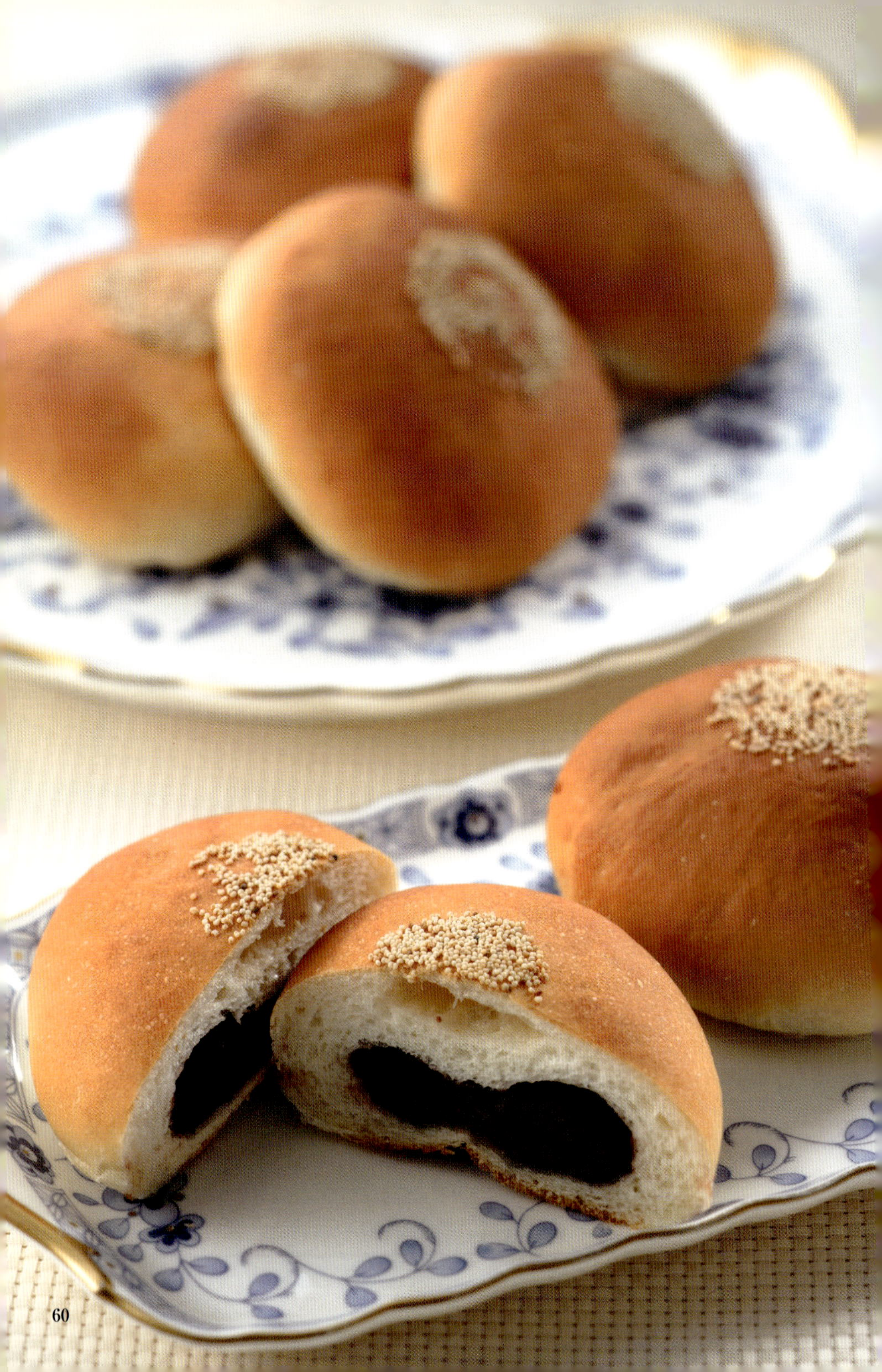

パン・お菓子

あずきあんはもちろん、
カボチャやサツマイモあんもよく合います。

あんぱん

1個 167kcal

材料(9個分)

米粉*	200g
砂糖	40g
塩	2g
スキムミルク	4g
ドライイースト	4g
卵	20g
バター	20g
水	120cc
あんこ	270g
けしの実(好みで)	少々

作り方

1. 基本の生地を作る。ただし、手順1のあとで溶きほぐした卵を加える。
2. 一次発酵後の生地を取り出し、台の上で再びたたいてから9等分して丸め、10～15分休ませる。あんこを9等分して丸めておく。
3. 生地を麺棒で丸く伸ばし、あんこを包む。とじた部分を下にして天板に並べて30～40分間2次発酵する。
4. 1.5倍くらいにふくらんだら、220℃に温めたオーブンで約12分焼く。

あんこを上手に包むコツ

手を筒にして生地を窪ませて持ち、あんを押し込む。

対角の生地同士を重ね合わせてつまみ、最後にねじるようにして閉じる。

Point

けしの実をつけるなら…

麺棒の端をぬらしてけしの実をつけ、パン生地に押しつけるときれいにつけられます。

パン・お菓子

温めるととろけ出すシナモンシュガーは
幸福感いっぱいのおいしさです！

シナモンロール

1個 191kcal

材料(8個分)

米粉*	200g
砂糖	32g
塩	4g
スキムミルク	6g
ドライイースト	4g
卵	40g(Mサイズ約1個分)
バター	32g
牛乳	100g
シナモン	2g
グラニュー糖	20g
仕上げ用フォンダン	
A { 粉砂糖	50g
水	30cc

作り方

❶ 基本の生地を作る。ただし、水の代わりに牛乳を使い、手順1のあとで溶きほぐした卵を加える。

❷ 一次発酵後の生地を取り出して麺棒で25×20cmくらいの長方形に伸ばし、混ぜ合わせたシナモンとグラニュー糖を全体にふりかけ、長いほうを端から巻く。

❸ 8等分する。

❹ 切り口を上にしてアルミカップに入れて天板に並べ、30〜40分間2次発酵する。

❺ 1.5倍くらいにふくらんだら、220℃に温めたオーブンで約12分焼く。

❻ Aをよく混ぜ合わせてフォンダンを作り、焼き上がったら上からかけて仕上げる。

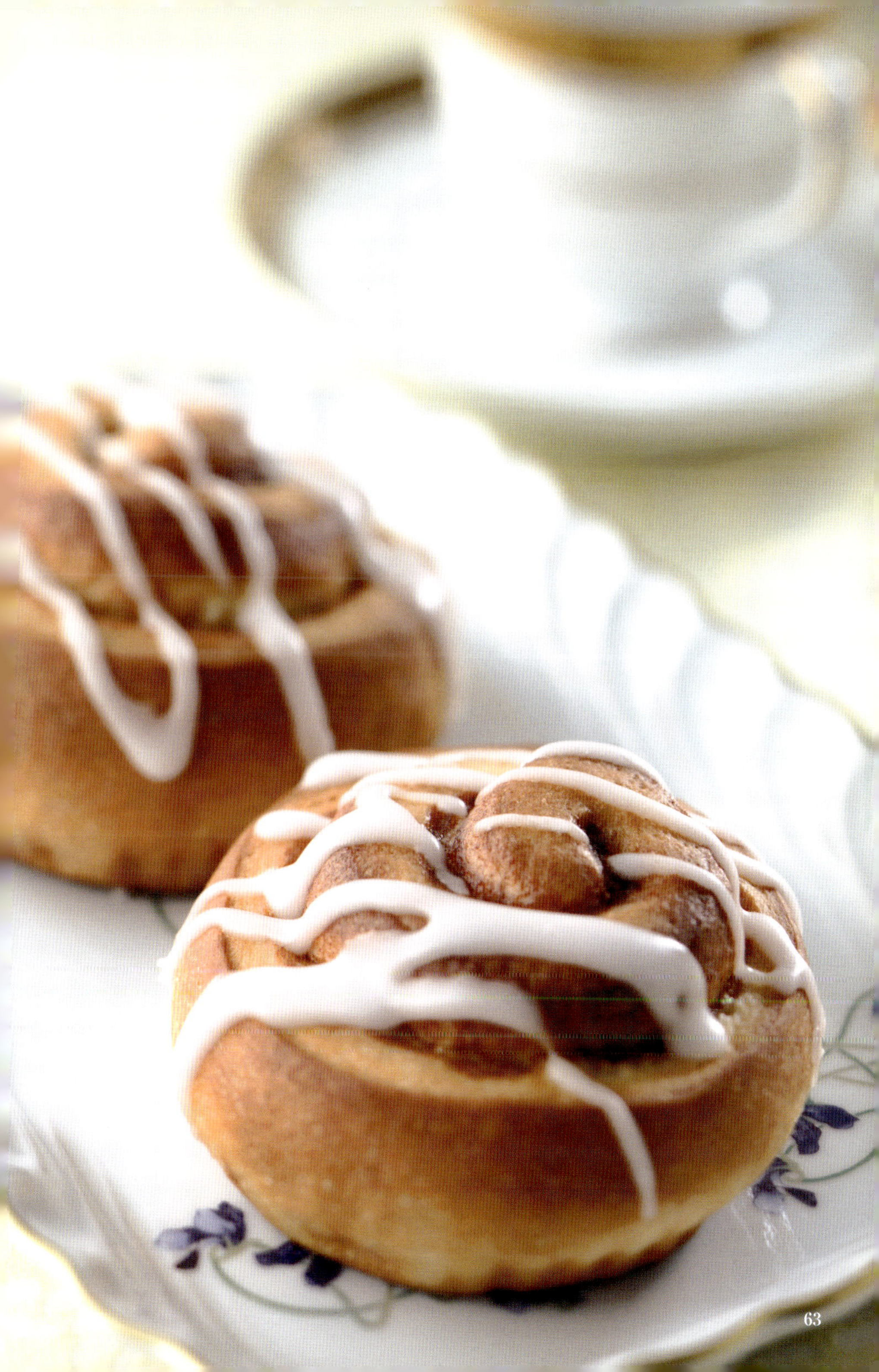

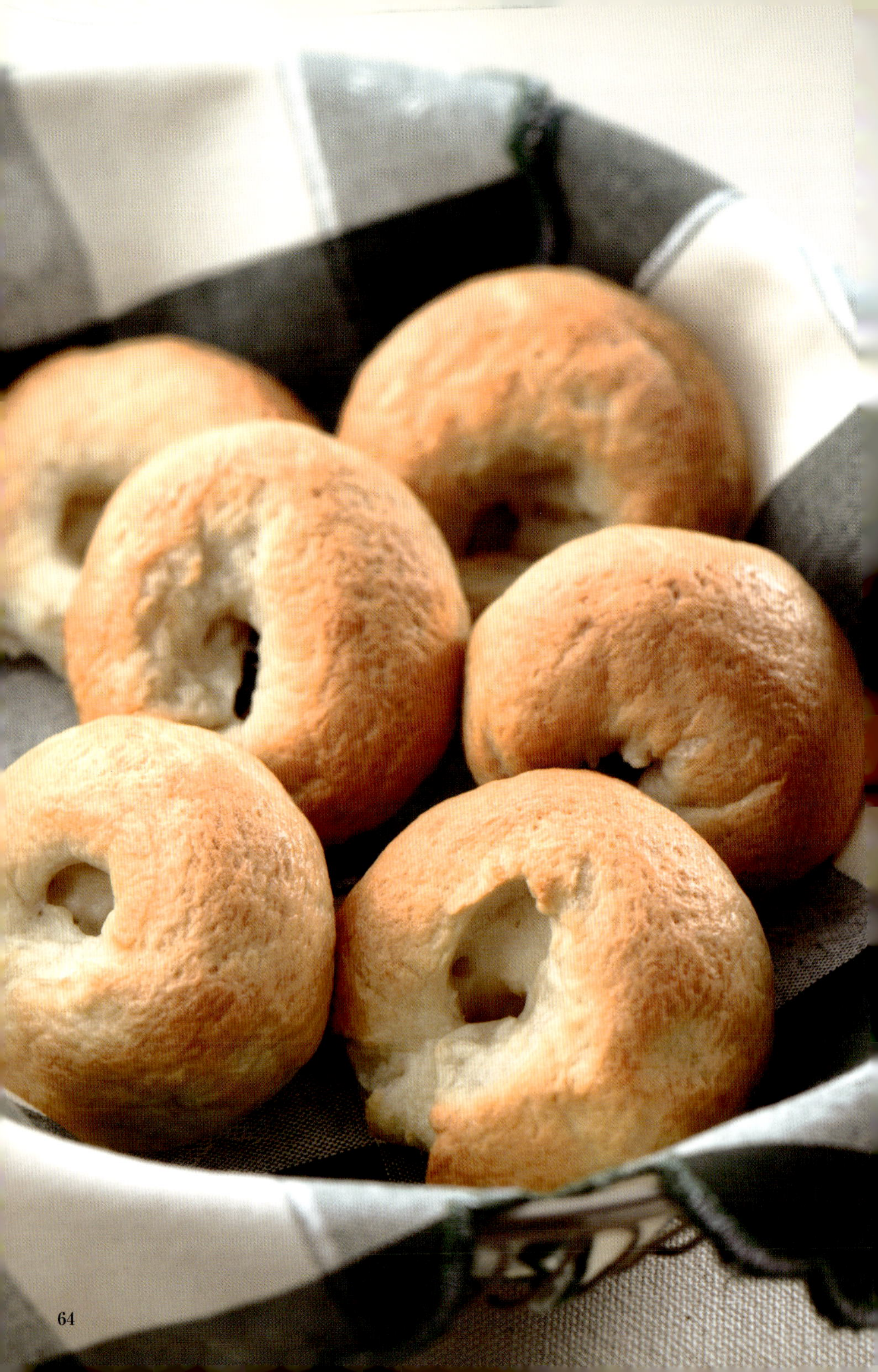

パン・お菓子

弾力が特徴の生地に
米粉のコシが加わって食べ応え十分。

ベーグル

1個 136kcal

材料(6個分)

米粉*	200g
砂糖	6g
塩	3g
ドライイースト	4g
ショートニング	6g
水	120cc

作り方

❶ ボールにすべての材料を入れて手で混ぜる。まとまったら台の上に取り出し、伸ばしながらたたきつける。生地が切れずによく伸びる状態になったら一時発酵する。(ここまでの作業時間：30分程度)

❷ 1を6等分に丸めて15分休ませる。

❸ 生地を1cmくらいの厚さに丸く麺棒で伸ばし、両端をたたんで3つ折りにし、長さ20cmくらいの棒状にする。

❹ 一方の端を麺棒で平たくつぶし、もう一方の端を包むようにして留め、輪を作る。

❺ 20分ほど2次発酵する。

❻ 鍋に湯をわかして5を入れる。裏表30秒ずつ湯通しして取りだし、天板に並べ、220℃に温めたオーブンで約15分焼く。

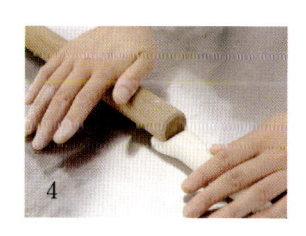

パン・お菓子

揚げたてはさっくりフンワリ！
時間とともにもっちり感が加わります。

イーストドーナツ

1個 128kcal

材料(8個分)

米粉*	200g
砂糖	20g
塩	3g
スキムミルク	4g
卵	20g
ドライイースト	4g
ベーキングパウダー	4g
バター	10g
水	100cc

シナモンシュガー

シナモン	2g
グラニュー糖	20g

作り方

❶ ボールに塩、砂糖、スキムミルクを入れ、1/3の水で混ぜ合わせる。混ざったら溶きほぐした卵、米粉、ドライイースト、ベーキングパウダー、残りの水を加えて、手で混ぜる。

❷ 生地がまとまったら台の上に取り出し、バターを入れて混ぜ、さらにこねてたたく。表面がなめらかになったら一次発酵する。

❸ 1.5倍くらいにふくらんだら厚さ2cmくらいに麺棒でのばしてドーナツ型で抜き、30分くらい2次発酵する。

❹ さらに1.5倍くらいにふくらんだら、180℃の油で揚げる。

❺ きつね色に揚がったら両面にシナモンシュガーをまぶす。

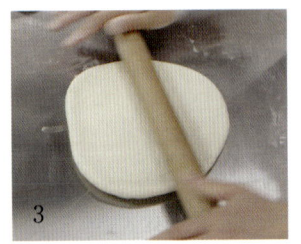

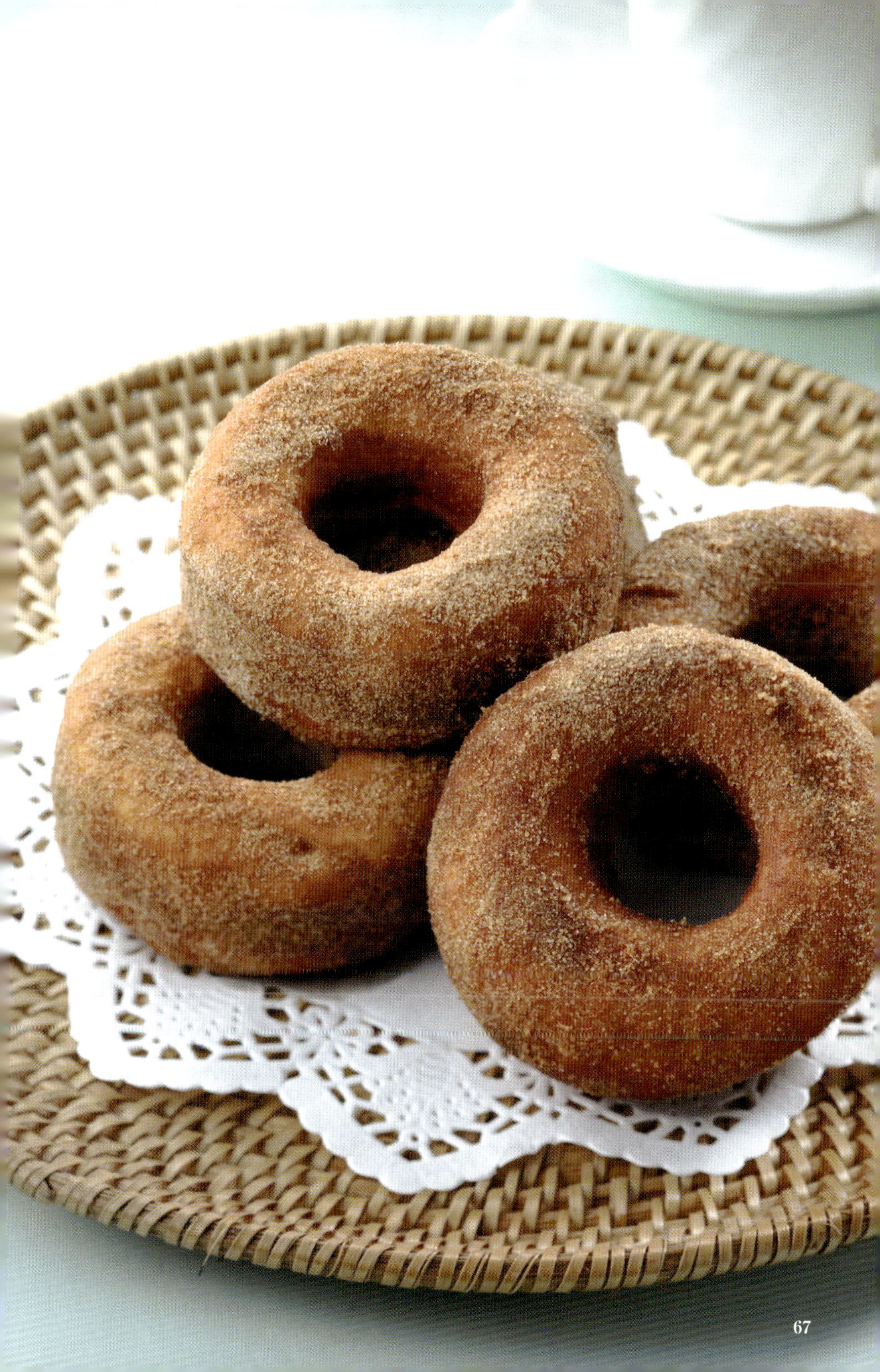

どっしりした生地に練り込まれたくるみ、
かむごとにうまみが広がります。

くるみパン

1個 123kcal

材料(10個分)

米粉*	200g
砂糖	12g
塩	4g
スキムミルク	4g
ドライイースト	6g
くるみ(ローストして刻んだもの)	50g
バター	12g
水	150cc

作り方

❶ 基本の生地をつくる。ただし一次発酵させる直前にくるみを混ぜ込む。

❷ 一次発酵後の生地を取り出し、台の上で再びたたいてから10等分して丸め、10〜15分休ませる。

❸ 丸めて天板に並べ、30〜40分間2次発酵する。

❹ 1.5倍くらいにふくらんだら、220℃に温めたオーブンで約12分焼く。

1

パン・お菓子

ほろりと軽い口当たり。
温めなおすとよりおいしくいただけます。

スコーン

1個 70kcal

材料（直径4～5cm　12個分）

米粉	110g
ベーキングパウダー	5g（小さじ1）
バター	25g
グラニュー糖	20g
塩	ひとつまみ
卵黄	1個分
牛乳	45cc
レーズン	20g

作り方

❶ 室温に戻しておいたバターをボールに入れて、柔らかいクリーム状になるまで泡立て器で練り、グラニュー糖と塩を加えて白っぽくなるまですり混ぜる。
❷ 卵黄を加えてなめらかになるまで混ぜる。
❸ 一緒にふるっておいた米粉とベーキングパウダーを2に加え、ヘラで切るように混ぜる。
❹ 牛乳を加えて練らないように混ぜ合わせ、さらにレーズンを加え、なじんだら10～15分休ませる。
❺ 麺棒で厚さ2cmくらいに生地を伸ばして丸型で抜き、天板に並べ、220℃に温めたオーブンで約10～15分焼く。

Point

これで香りUP
レーズンの代わりにくるみもよく合います。くるみを使うときは、混ぜる前にローストするとグンと香りがアップ。

パン・お菓子

カスタードクリームも米粉で作るから
やさしい口当たりに仕上がります。

ミルクレープ

1／10切れ　435kcal

クレープ生地材料（直径18cm大1台分）

米粉	150g
グラニュー糖	45g
塩	少々
卵	3個
卵黄	3個
牛乳	300cc
生クリーム	45cc
溶かしバター	45g
バニラオイル	少々

カスタードクリーム

米粉	30g
卵黄	4個
グラニュー糖	113g
牛乳	375cc
バニラ（さやのもの）	1／2本
バター	45g

クリームシャンティー

生クリーム	200cc
グラニュー糖	20g

クレープ生地の作り方

❶ 米粉、グラニュー糖、塩をボールに入れて泡立て器で混ぜる。さらに、溶いた全卵と卵黄を一度に加えて混ぜる。

❷ 室温に戻しておいた牛乳と生クリームを合わせ、1に3回にわけて加え、泡立て器で混ぜ合わせる。なめらかになったら溶かしバターを加えて混ぜ、最後にバニラオイルを加える。

❸ 濾し器でこしてなめらかにし、ラップをかけ、冷蔵庫で1時間以上寝かせる。

❹ フライパンに油を熱し、生地を全面に広がるように流し入れ、余分な生地はボールに戻す。

❺ 表面がポコポコと盛り上がり周りが色づいたら、両手で生地の端を持ち上げて裏返す。2〜3秒焼いて取り出し、平らに置いておく。生地がなくなるまで繰り返す。

❻ 5にパレットナイフでカスタードクリーム、クリームシャンティーの順に塗り、重ねていく。

カスタードクリーム

❶ ボールに卵黄、グラニュー糖を入れてすり混ぜ、白っぽくなったら米粉を入れて混ぜる。

❷ 鍋に牛乳を入れて火にかけ、沸騰したら火からおろして1を加えて混ぜ、再び火にかける。

❸ 再び沸騰したら火からおろし、バターを入れる。バットに流してラップをかけ、冷ます。

クリームシャンティー

❶ ボールに生クリームとグラニュー糖を入れ、泡立て器で泡立てる。

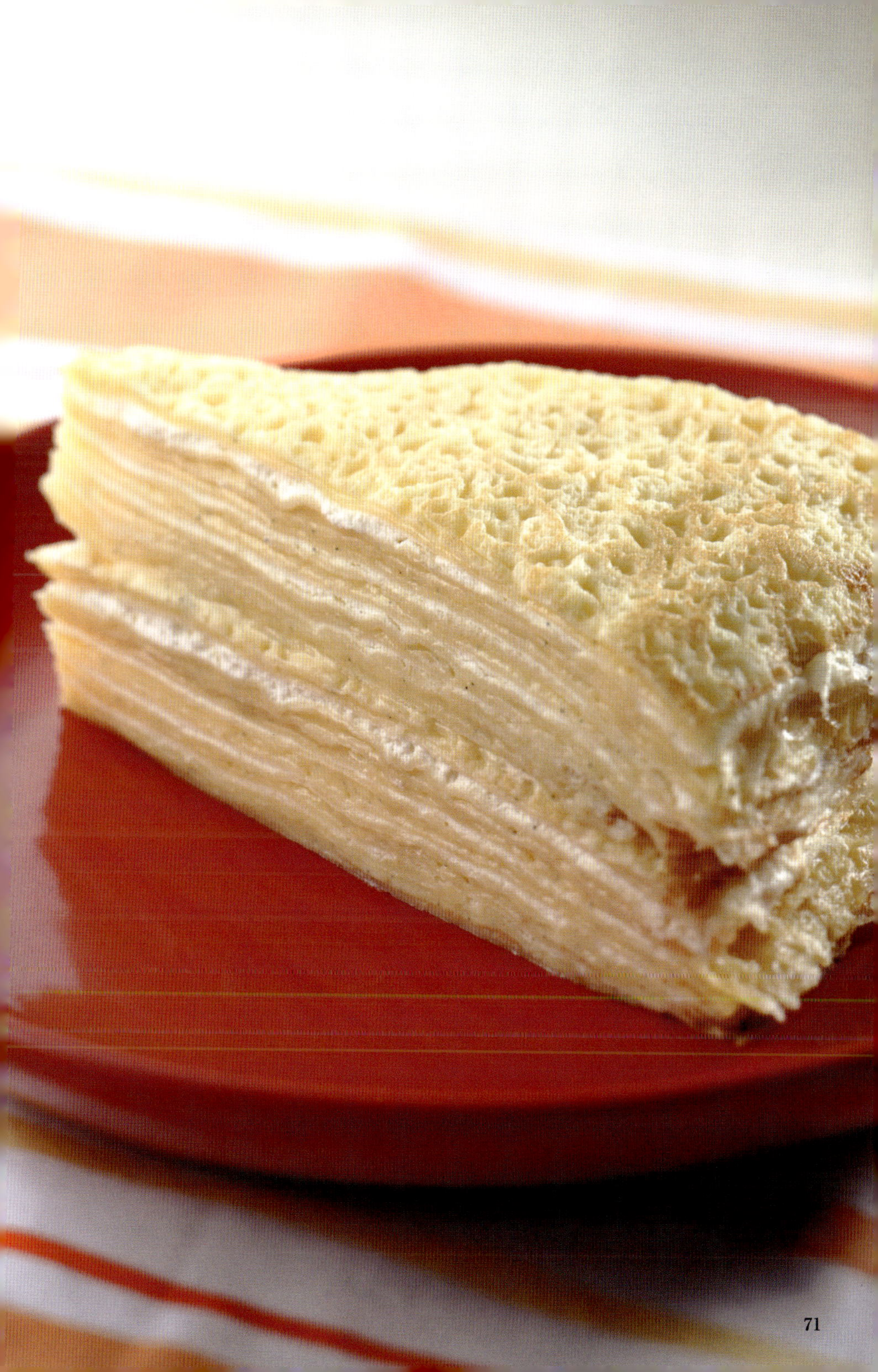

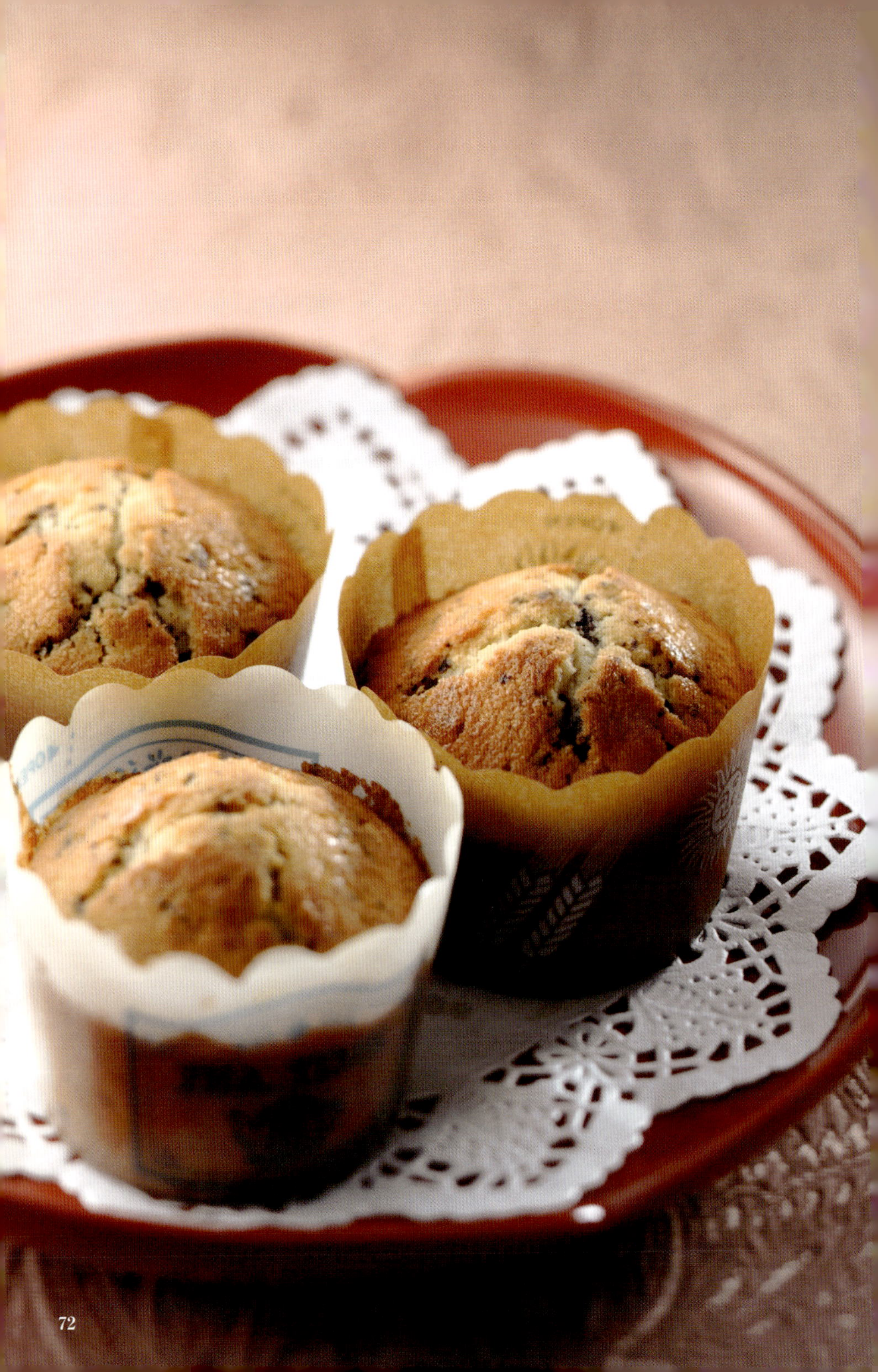

パン・お菓子

材料を順番に加えて混ぜるだけ
簡単にできて誰にでも大人気。

チョコマフィン

1個　333kcal

材料(6個分)

米粉	150g
バター	100g
グラニュー糖	80g
塩	ひとつまみ
卵	1個
ベーキングパウダー	小さじ1/2
牛乳	100cc
チョコチップ	40g

作り方

❶ 室温に戻しておいたバターをボールに入れて泡立て器でなめらかなクリーム状に練り、グラニュー糖、塩を加え、白っぽくなるまですり混ぜる。

❷ 溶き卵を2～3回に分けて加え、そのたびにしっかり混ぜ合わせる。

❸ 一緒にふるっておいた米粉とベーキングパウダーを加え、ヘラで切るようにさっくりと混ぜる。

❹ 牛乳を加えて混ぜ合わせ、最後にチョコチップを加える。

❺ マフィンカップに生地を6分目まで入れ、220℃に温めたオーブンで約20分焼く。

Point

ココが米粉ならでは！

粒子が細かくサラサラの微細米粉は、ふるう工程を省いてもきれいに混ざります。

パン・お菓子

控えめな甘さに抹茶が香る、
ちょっと大人の味わいが自慢です。

マドレーヌ

1個 350kcal

材料(10個分)

米粉	180g
ベーキングパウダー	4g
抹茶	15g
卵	6個
グラニュー糖	230g
バニラオイル	少々
溶かしバター	180g

作り方

① ボールに卵をほぐし、グラニュー糖を一度に加え、泡立て器で手早く混ぜる。
② バニラオイルを加え、混ぜる。
③ ふるっておいた米粉、ベーキングパウダー、抹茶を加え、泡立て器で混ぜる。
④ 溶かしバターを入れ、さっくりと混ぜる。
⑤ 型にバターを塗り強力粉をはたく(分量外)。生地を流し入れて200℃に温めたオーブンで約12〜15分焼く。焼けたら型から外し、網の上で冷ます。

Point 生地のめやす

泡立て器から流れ落ちるくらいのやわらかさがめやす。

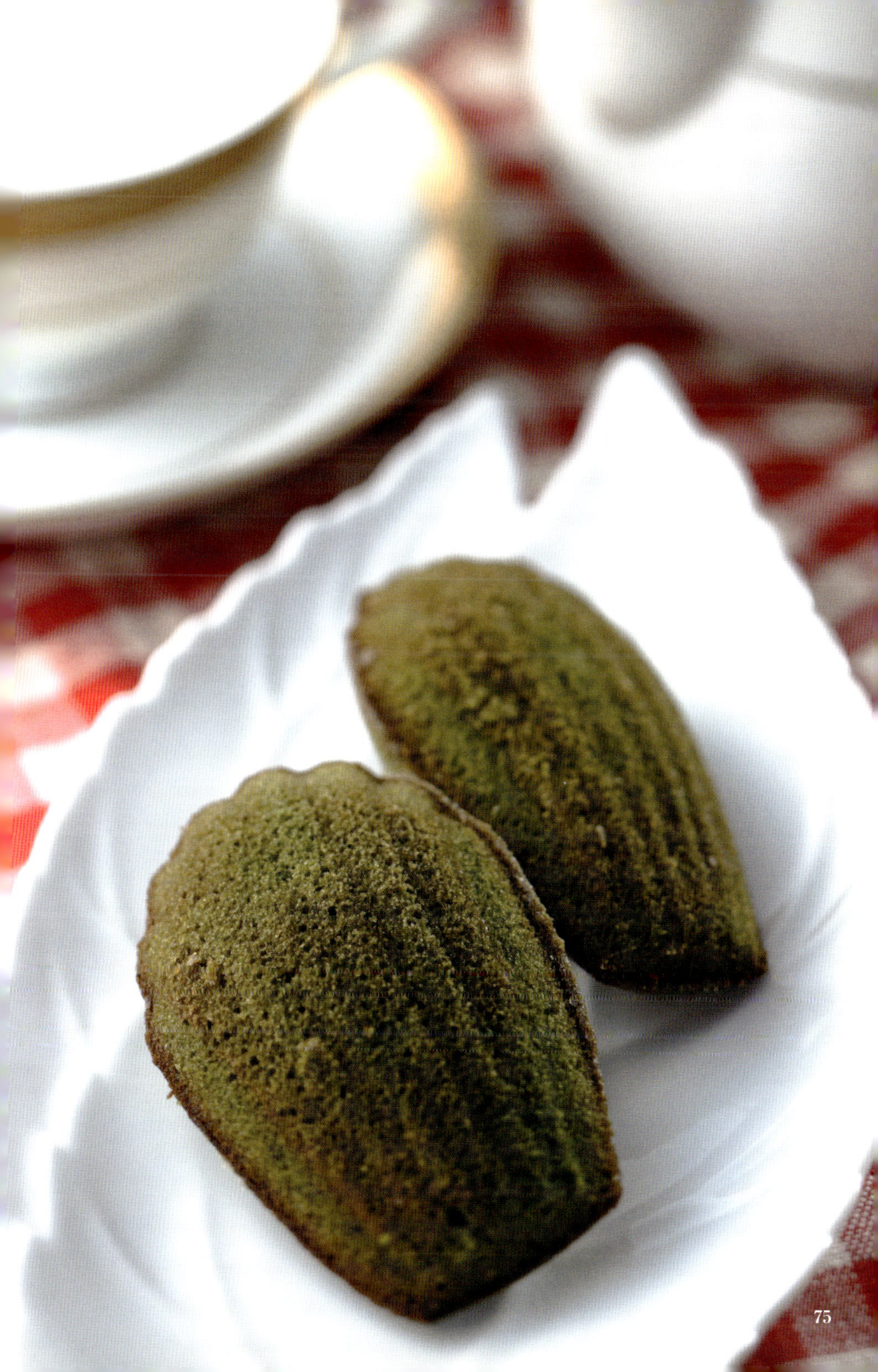

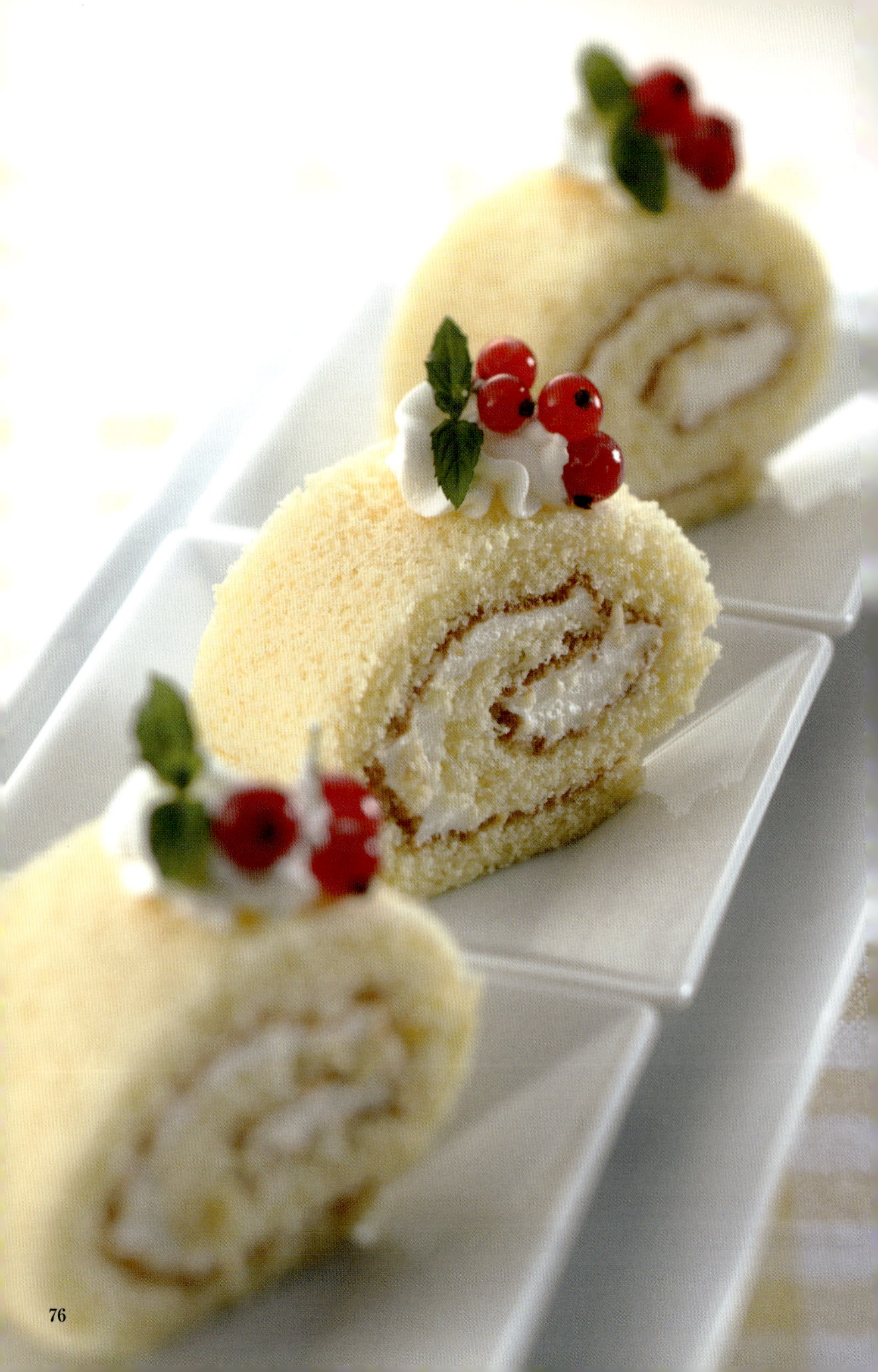

パン・お菓子

巻き込んだクリームがしっとり感をキープ。
おみやげにもぴったりです。

ロールケーキ

1／8切れ 203kcal

材　料（直径6cm程度のケーキ1本分）

米粉	70g
卵	3個
砂糖	100g
溶かしバター	30g

クリーム材料

生クリーム	100g
グラニュー糖	10g
ラム酒	小さじ1
仕上げの粉砂糖	適量

作 り 方

❶ ボールに卵を溶きほぐし、砂糖を加える。湯煎にかけながら人肌まで温め、泡立て器で白っぽくもったりするまで泡立てる。
❷ 米粉を加えゴムべらで切るように混ぜる。
❸ なめらかになったら溶かしバターを加えて混ぜる。
❹ 紙を敷いた天板に流し、200℃に温めたオーブンで約12～15分焼く。
❺ 焼き上がったら紙ごと網に取り出して冷ます。
❻ 冷ましている間に生クリーム、グラニュー糖、ラム酒をボールに入れ、氷水を当てながら泡立てる。
❼ スポンジが冷めたら紙をはがし、6のクリームを全体に塗って巻いていく。
❽ 仕上げに粉砂糖をふる。また、ホイップクリームや好みのフルーツで飾ってもよい。

Point

きれいに切るには
巻き終えたら再び紙で包んで冷蔵庫で5～10分冷やすと切り分けやすくなります。

パン・お菓子

甘さを抑えたしっとり生地に
ドライフルーツの風味がマッチ

フルーツケーキ

1／8切れ 295kcal

材料（18cm型1台分）

米粉	120g
バター	120g
粉砂糖	100g
卵	2個
ベーキングパウダー	2g（小匙1/2）
ドライフルーツ（ミックスタイプ）	80g
ドライイチジク	1個
ラム酒	小さじ1、大さじ1

作り方

❶ ドライイチジクはラム酒小さじ1をふりかけておく。
❷ 室温に戻しておいたバターを泡立て器でなめらかになるまで練る。
❸ ふるった粉砂糖を加え、白っぽくなるまで混ぜ合わせる。
❹ 溶きほぐした卵を数回に分けて加え、そのつどしっかり混ぜ合わせる。
❺ ドライフルーツとラム酒大さじ1を加える。
❻ 一緒にしてふるっておいた米粉とベーキングパウダーを入れ、ゴムべらでさっくり混ぜ合わせる。
❼ 紙を敷いた型に5を入れて表面を平らにし、薄く切ったドライイチジクを飾る。
❽ 180℃に温めたオーブンで約50分焼き、焼き上がったら型からはずして冷ます。

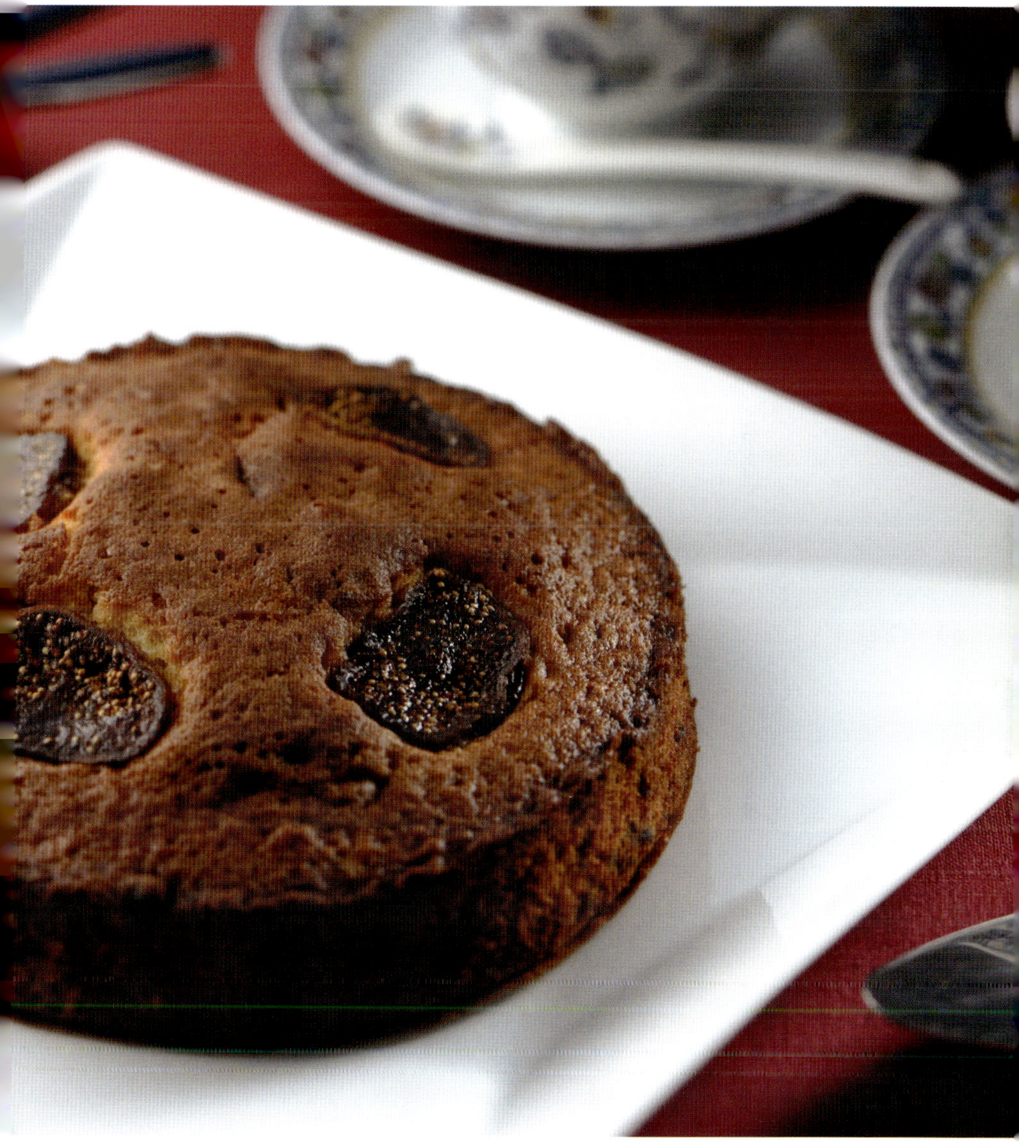

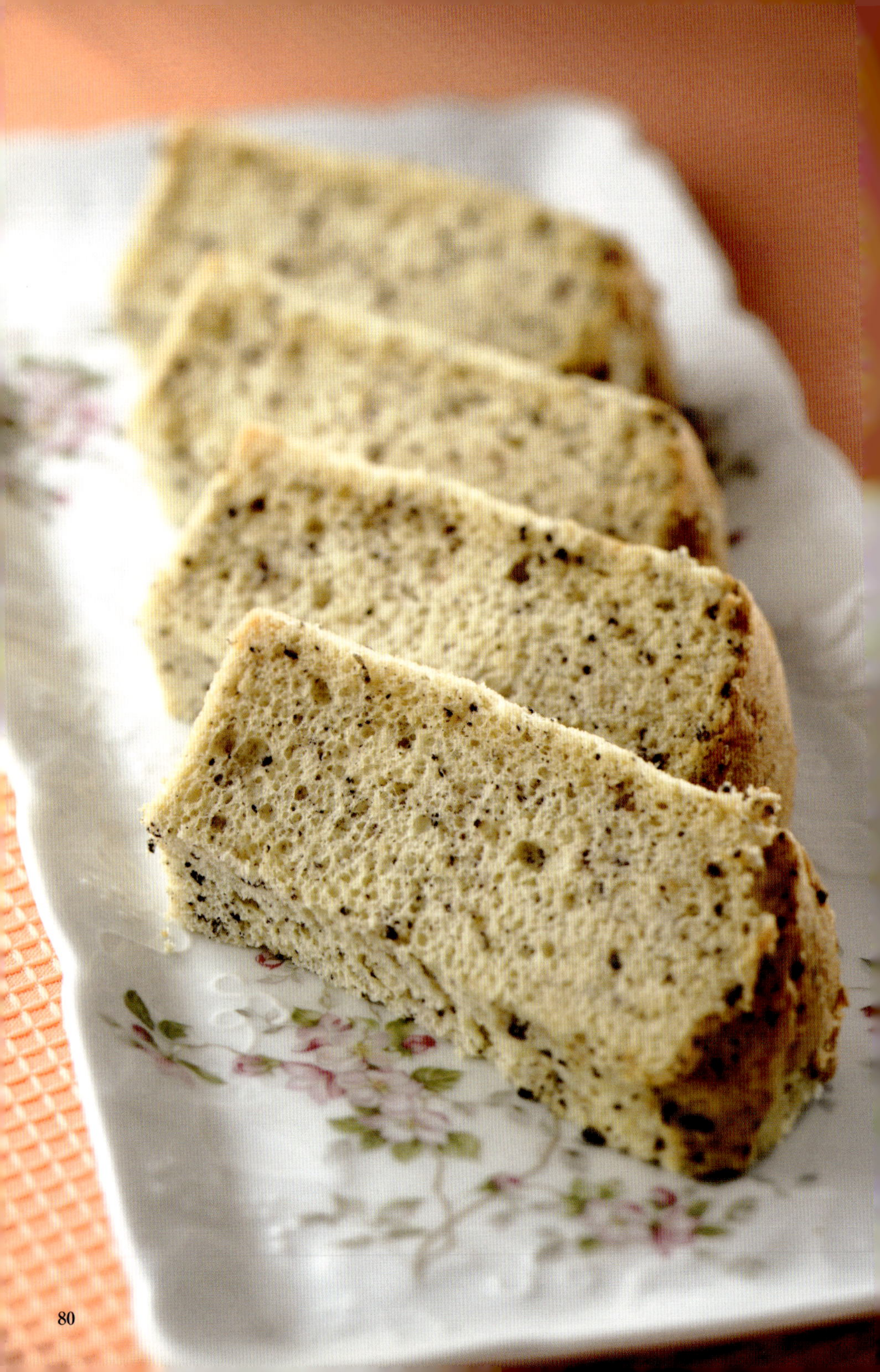

パン・お菓子

豆乳を加えたまろやかな生地と
ごまの香りがよく合います。

シフォンケーキ黒胡麻風味

1／8切れ 166kcal

材料（18cmシフォン型1台分）

米粉	65g
┌ 卵黄	3個
└ グラニュー糖	28g
┌ 卵白	3個
└ グラニュー糖	28g
サラダ油	50g
豆乳	65g
黒すりゴマ	大さじ2

作り方

❶ ボールに卵黄とグラニュー糖を加え、泡立て器で白っぽくなるまですり混ぜる。
❷ 1にサラダ油を数回に分けて加え混ぜ合わせる。さらに豆乳も2回に分けて加え、よく混ぜ合わせる。
❸ ふるっておいた米粉とすりゴマを加え、泡立て器で混ぜる。
❹ 別のボールに卵白を入れ、グラニュー糖を2～3回に分けて加えながら泡立て、しっかり角が立つくらいのメレンゲを作る。
❺ 3に4を2回に分けて入れ、泡をつぶさないよう、ヘラで切るように混ぜる。
❻ 全体が混ざったら型に流し入れ、160℃に温めたオーブンで約50分～1時間焼く。
❼ 焼き上がったら、型ごとひっくり返して冷ます。
❽ 完全に冷めたら型からはずす。

Point

これが重要!

つぶれやすいシフォンケーキは、焼き上がった生地の傷みを防ぐため、ひっくり返して冷まします。

パン・お菓子

チュイルならではのカーブは
アツアツの生地を麺棒にのせて作ります。

胡麻のチュイル

1枚 67kcal

材料（直径7cm大30枚分）

米粉	35g
グラニュー糖	60g
塩	ひとつまみ
卵白	60g
バニラオイル	少々
溶かしバター	25g
黒ゴマ	適量

作り方

❶ 米粉、グラニュー糖、塩をボールに入れて泡立て器で混ぜ、さらに卵白、バニラオイルを加えて混ぜ合わせる。

❷ 溶かしバターを加える。

❸ 2をスプーンですくって天板にのせ、背を使って薄く伸ばす。表面に黒ゴマを散らす。

❹ 200℃に温めたオーブンで5〜6分焼く。

❺ 焼き上がったら、熱いうちに麺棒またはトヨ型にのせ、そのまま冷やす。

Point 知っていると便利

麺棒は転がらないように端にふきんなどをのせて固定すると使いやすいでしょう。

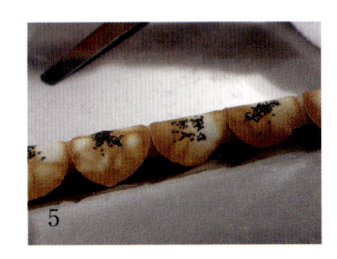

83

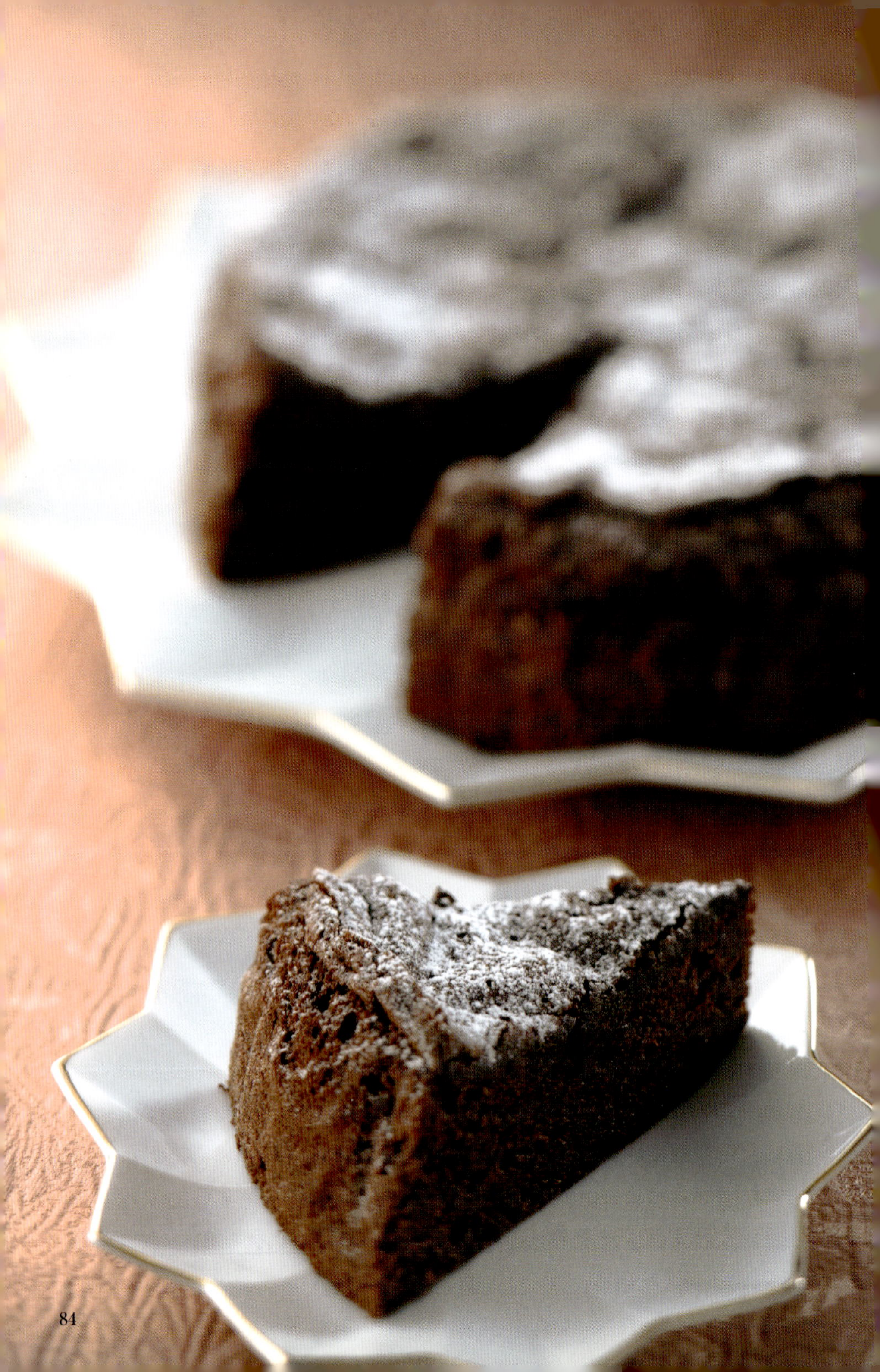

パン・お菓子

粉が少なめのしっとりとした生地に、
チョコレートの香りが引き立ちます。

ガトーショコラ

1／8切れ 176kcal

材 料（18cm型1台分）

米粉	18g
チョコレート	57g
バター	38g
卵黄	3個
卵白	3個分
グラニュー糖	45g
ココア	36g
粉砂糖（仕上げ用）	適量

作 り 方

❶ 細かく刻んだチョコレートとバターを合わせて湯煎で溶かしておく。
❷ 卵黄とグラニュー糖を、泡立て器で白っぽくなるまですり混ぜる。
❸ 別のボールに卵白を入れ、グラニュー糖を加えてきめ細かなメレンゲを作る。
❹ 2に1を入れ、混ぜ合わせる。
❺ 4に1／3の量のメレンゲを加え、泡立て器で合わせる。
❻ 残りのメレンゲ、ふるっておいた米粉、ココアを加え、ヘラでさっくりと泡がつぶれないように合わせる。
❼ 紙を敷いた型に生地を流し入れ、160〜170℃に温めておいたオーブンで約30分焼き、冷ます。
❽ 仕上げに粉砂糖をふる。

Point

香りUPの秘密

チョコレートの香りがおいしさの決め手になるため、製菓用チョコレートがおすすめ。バターとともに50℃くらいの湯せんでゆっくり溶かすと風味を逃がしません。

パン・お菓子

カリッ！もちっ！の食感の楽しさは
米粉のシューだからこそ。

シュークリーム

1個 146kcal

シュー生地材料（18個分）

米粉*	100g
牛乳	75cc
水	75cc
バター	50g
塩	ひとつまみ
グラニュー糖	ひとつまみ
卵	3～4個
刻みアーモンド	適量

カスタードクリームの作り方は
ミルクレープ（70ページ）参照。

作り方

❶ 鍋に牛乳、水、バター、塩、グラニュー糖を入れて火にかける。
❷ 沸騰したら火からおろし、米粉を入れてヘラで混ぜる。
❸ 全体に混ざったら再び火にかけて練る。
❹ 鍋底が乾き、ヘラで線が引ける感じになったら火からおろし、熱いうちに溶いた卵を3～4回に分けて混ぜる。
❺ 卵の量を加減し、すくった生地がヘラからゆっくり落ちるくらいの固さをめやすに仕上げる。
❻ 絞り袋に入れて天板に絞り、刻みアーモンドをちらす。絞り終えたら全体にきりふきで水をかけ、200℃に温めたオーブンで約20分焼く。
❼ 焼き上がったシューに切れ目を入れ、カスタードクリームを絞る。

Point 生地づくり❹のコツ

鍋底が膜状に乾いてきたら火を止める。

卵を加えるとバラバラに分離しますが、だんだん混ざりやすくなります。

87

米粉のいろいろ

米粉のニューフェイス

パウダーライス パンなどに用いられるよう開発された、「微細米粉」。米の組織を分解してから製粉する特殊技術によって、粒子が従来以上に細かくなり、たんぱく質や油脂となじみやすい性質があります。小麦粉のレシピの多くを、置き換えて作ることができます。

パウダーライスの種類には、「パン用米粉*」「麺用米粉*」「洋菓子用米粉」「一般製品用米粉」「アルファー粉」の5種類があります。
*は小麦グルテンを加えてあるもの。**この本では、「パン用米粉*」と「洋菓子用米粉」を使用しています。**

原料がうるち米

新粉・上新粉 生のうるち米を水で洗い、乾かして粉にしたものが「新粉」、その中でもより粒子が細かいものが「上新粉」。関西では新粉・上新粉が「米粉」と呼ばれています。

上用粉 上新粉より長時間水に浸してから、乾かして粉にしたもの。新粉よりさらに粒子が細かいため、山芋と練り合わせる上用まんじゅうなどに用いられます。

原料がもち米

もち粉 生のもち米を新粉と同じ方法で粉にしたもの。強いコシと弾力が生まれるのが特徴です。

道明寺粉 もち米を蒸して乾かし、干し飯にした後、粗く割ったもの。米粒の食感があり、桜もちの原料として有名です。

寒梅粉 もち米を蒸してもちをつくり、薄く伸ばして焼いた後、粉にしてふるいにかけた細かい粉のこと。香ばしい香りがあり、らくがんや京菓子などに使われます。

白玉粉 生のもち米を水に漬け、水を流しながら石臼ですりつぶしたものを絞って濾した後、乾燥させたもの。「寒ざらし粉」とも呼ばれます。つるりとなめらかな口あたりのだんごが作れます。

パン・お菓子

しっとりとした口当たりの生地に、
アクセントの甘納豆を散らして。

しぐれの里

1／8切れ 116kcal

材料（長さ21cmのパウンド型1本分）

米粉	30g
つぶあん	200g
卵黄	2個
卵白	10g
グラニュー糖	10g
甘納豆	50g

作り方

❶ ボールにつぶあんを入れ、卵黄を1個ずつ入れて混ぜる。さらに米粉を加え、混ぜ合わせる。
❷ 別のボールで卵白とグラニュー糖を泡立て、メレンゲを作る。
❸ 1にメレンゲを2回に分けて加え、混ぜ合わせる。
❹ 紙を敷いたパウンド型に生地を流し入れ、表面に甘納豆をちらす。
❺ 中火の蒸し器で約20分蒸す。

Point

口当たりUPの秘密

仕上がりに差をつけるのがメレンゲ。角が立つくらいしっかり泡立て、泡がつぶれないように混ぜることでなめらかな口当たりになります。

パン・お菓子

春先によもぎを摘んで作りたい、
しっかりコシのあるお団子です。

よもぎ団子

1人分（5個） 210kcal

材料（20個分）

米粉	100g
湯	90cc
上白糖	10g
よもぎ	30g
あんこ	190g

作り方

❶ よもぎはゆでて刻んでおく。
❷ ボールに米粉を入れ、少しずつ湯を加えながら手で混ぜる。分量の湯が入ると液状になるので、ふきんをかぶせてボールごと蒸し器に入れて10〜15分ほど蒸す。
❸ 固まったらぬれぶきんで直接包み、さらに15分間蒸し器で蒸す。
❹ 蒸しあがったら台に取り出し、熱いうちにふきんの外から、なめらかになるまでこねる。
❺ ボールに入れ、よもぎを加えて、さらにこねる。
❻ なめらかになったら20等分して丸め、あんこをからめて皿に盛る。

Point これもおすすめ

のびがいいので、生地を薄くのばしてあんこを包んでもおいしくできます。

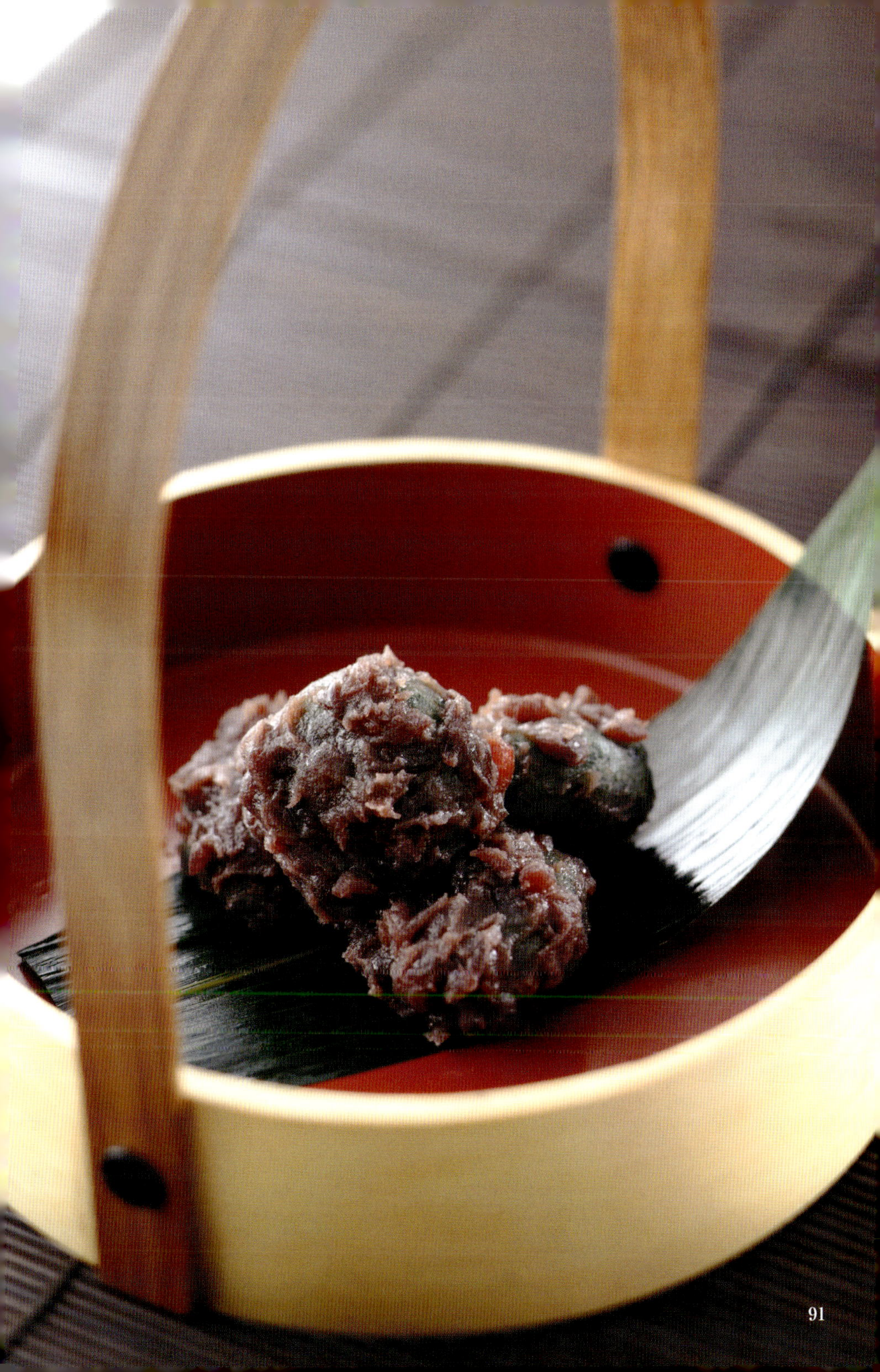

92

パン・お菓子

ほんの少し加える白玉粉が
皮にもちもち感をプラスします。

桜餅

1人分（3個） 102kcal

材　料（15個分）

米粉	60g
白玉粉	6g
水	100cc
砂糖	10g
水溶き食紅	2滴
あんこ	150g
桜の葉の塩漬け	15枚

作 り 方

❶ ボールに白玉粉を入れて水を少しずつ注ぎながらよく溶き、米粉、砂糖も加えて混ぜ合わせる。よく混ざったら、こす。
❷ 水で溶いた食紅を2滴たらし、混ぜ合わせる。
❸ 中火のフライパンに薄く油をひいて生地をスプーン1杯分流し、スプーンの背を使って楕円に伸ばす。表面が乾いた状態になったら裏返し、火が軽く通ったら皿に取って冷ます。
❹ あんこを10gずつ丸めておき、生地が冷めたら包む。
❺ 塩抜きした桜の葉で巻く。

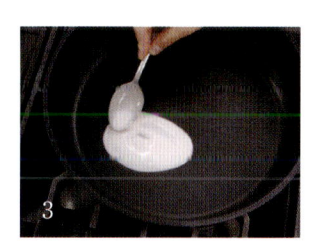

世界の米粉料理

米の麺はアジアの広い地域で食べられています。麺の太さやスープは地域ごとの特色がありますが、似ているのは作り方。多いのは、うるち米の粉に水と熱を加えながらこねて生地にし、穴の開いた製麺機から熱湯の中に押し出す、という方法です。グルテンを含まないため切れやすい米の粉を麺にするために考えられた知恵といえそうです。ゆでた麺を水にあげ、干して乾麺にすることで、さらに強さが加わります。また、ライスペーパーと同様に生地を薄く伸ばしてから軽く乾かして、細く切る麺もあります。

●ビーフン
タイやベトナム、中国で食べられている米の麺。麺はぬるま湯で戻した後、肉や野菜と炒める焼きビーフンにしたり、スープで煮込む汁ビーフンとして食べます。

●クイティウ
カンボジアの米の麺。水で溶いた米の粉を大きなクレープ状に焼いてから細く切る作り方もあります。

●トック
韓国のおもち。原料はうるち米で、日本のおもちのようにのびる感じではなく、しっかりとした弾力と歯ごたえがあります。溶けにくいため、スープで煮込むのに適し、棒状のものを薄く切るのが一般的です。

●フォー、ブン
ベトナムの米の麺。きし麺のような平たいタイプがフォー、それよりも太い麺がブンと呼ばれ、汁麺が一般的。

●カノムチン
タイの米の麺。日本のそうめんによく似た細麺で、カレーソースをかけたり、青パパイヤの細切りと一緒に食べられています。

●ライスペーパー
ベトナムの米の皮。水で溶いた米の粉を熱した鉄板の上にクレープ状に薄くのばし、ある程度固まったらザルに広げ、天日干しにして作られています。日本でもおなじみの生春巻きや揚げ春巻きのほかにも、さまざまに調理した具を包んで食べられています。

ビーフン 　　　ライスペーパー 　　　トック

編集協力

本書の制作にあたり、(協)米ワールド21普及協議会より、米粉の提供や米粉に関する資料提供などのご協力をいただきました。(協)米ワールド21普及協議会は、21世紀型の米消費拡大策として、お米を「ご飯」としての粒食に止まらず、パンや麺、お菓子など粉食として活用することをすすめ、食料自給率の向上を目指しています。また、次世代を担う子どもたちのより安全、安心な食生活を守るため、全国の学校給食への米粉パンの導入を提唱するなど、全国各地で国産米による米粉の普及活動を行っています。

協同組合　**米(マイ)ワールド21普及協議会**　新潟市南笹口1-11-9
TEL：025-241-2076　FAX：025-241-4132
ホームページ　http://www.chuokai-niigata.or.jp/mai-world21/

【著者紹介】
吉田育子（よしだいくこ）

宮崎県宮崎市生まれ。新潟調理師専門学校校長。短期大学卒業と同時に栄養士免許、中学家庭科教員免許を取得。新潟大学教育学部に聴講生として在籍中より新潟調理師専門学校及び新潟料理学校に勤務。新潟調理師専門学校副校長を経て現在に至る。近年はテレビ、ラジオ番組への出演や新聞、雑誌への執筆、講演など、料理指導にとどまらない活動で注目されている。また、にいがた21地産地消運動推進委員として食と地域のあり方や食育の分野にも力を注ぐ。『おやじの酒のさかな』、『家庭で作る中国料理』、『簡単にできる手作りお菓子の本』などの共著がある。

料　　　　理	鍵富茂（日本料理）
	吉田尚弘（西洋料理）
	久保博幸（中国料理）
	高橋恭子（製菓製パン）
	吉田奈美（家庭料理）
編　集　協　力	協同組合 米ワールド21普及協議会
装丁・デザイン	株式会社 メイ・アソシエイツ
撮　　　　影	渡邉久男

米粉でクッキング＆パン作り
2005年11月25日　第1刷発行

著　者　　古田　育子
発行者　　三浦　信夫
発行所　　株式会社　素朴社
　　　　　〒150-0002　東京都渋谷区渋谷1-20-24
　　　　　電話:03(3407)9688　FAX:03(3409)1286
　　　　　振替　00150-2-52889
印刷・製本　モリモト印刷株式会社

©2005 Ikuko Yoshida,Printed in Japan
乱丁・落丁本は、お手数ですが小社宛にお送りください。
送料小社負担にてお取替え致します。
ISBN 4-915513-92-0　価格はカバーに表示してあります。

素朴社の本

食べものから日本と世界の姿が見えます！
親子で楽しく学べ、食育に役立つと大好評!!

地図絵本
日本の食べもの

素朴社編
絵／吉岡 顕

北海道から沖縄まで都道府県別に、どんな農産物や水産物がとれるかひと目でわかります。

地図絵本
世界の食べもの

素朴社編
絵／吉岡 顕

それぞれの国でどんな穀物、野菜、くだもの、魚介類がとれるか、主食は何か、192か国を紹介。

A4判変型、48ページ、オールカラー
定価：各2,100円（税込）

レシピ絵本
どんぐりの食べ方
―森の恵みのごちそう―

井上貴文／著
むかいながまさ／絵

広葉樹の木の実の食べ方を楽しいイラストで紹介したレシピ絵本。料理への応用やどんぐりクッキー、クレープなどの作り方をわかりやすく解説しています。

B5判変型、32ページ、オールカラー
定価：1,365円（税込）